Barbara Markert

Frankreich

Barbara Markert

Frankreich

Von Paris nach Marseille

Brigitte Buch
im
Diana Verlag

Kultur und Genuss in der französischen Provinz: die Künstlerkolonie in Barbizon, die Käserei von Hervé Poulet in der Franche-Comté, das Château de Cormatin im Burgund

Die Seele Frankreichs entdecken: die reine Romanik in Clermont-Ferrand, der Duft von Lavendel in der Provence, die aufstrebende junge Modeszene in Marseille

3000 Kilometer, kreuz und quer durch Frankreich, liegen fast hinter ihr: Barbara Markert bei einer Mittagspause im Dorf Allemagne-en-Provence

Tour de France

Kirchen und Käse, Kultur und Lebensart: auf Traumstraßen von Paris bis Marseille

Von Barbara Markert

Als Roadmovies bezeichnet man Filme, deren Handlung sich auf der Straße abspielt. Die Akteure sind unterwegs. Meist im Auto. Manchmal ohne, manchmal mit Ziel vor Augen. Sie erleben Abenteuer, treffen fremde Menschen und nehmen Erfahrungen mit. Sie werden willkommen geheißen und müssen Abschied nehmen. So erging es auch dem Fotografen Mo Hoffmann und mir auf unserer Autoreise durch Frankreich. Auf den rund 3000 Kilometern, im Zickzack von Paris nach Marseille, haben uns die Erlebnisse und Begegnungen zum Nachdenken gebracht, berührt, geprägt.

Obwohl die Route anhand von zehn Kulturthemen klar strukturiert und die Stopps wohl geplant waren, hielt unsere Tour de France viele Überraschungen für uns bereit: Wir trafen Kosmopoliten, die vorher für die Luxuswelt der Mode um den Globus jetteten und nun überglücklich in einem entlegenem Ort Kräutertee ausschenken. Handwerker, die in der dritten Generation den Familienbetrieb führen und für nichts auf der Welt etwas anderes machen wollen. Einstige Karrieristen, die bestbezahlte Jobs aufgaben, um mit Hingabe eine Pension zu führen, Kinder zu erziehen oder Biogemüse anzubauen. Wir besuchten Gebäude, die uns mit ihrer schlichten Harmonie gefangen nahmen, deren jahrhundertealte Steine Geschichten erzählen und die treu die Aura ihrer verstorbenen Besitzer in Ehre halten. Wir sahen Naturschönheiten, die sich hinter der Biegung einer kleinen Landstraße versteckten, für die wir unseren Zeitplan über den Haufen warfen und die uns fast dem Groß-

HINKOMMEN

Auf den schönsten Wegen zum Ziel: Die exakten Routenbeschreibungen finden Sie in diesem Buch immer in den Randspalten

stadtleben entwöhnt hätten. Und das uns! Zwei überzeugten Wahl-Parisern. Ich war 14, als ich das erste Mal im Rahmen eines Schüleraustauschs über die Champs-Élysées flanierte und mich an der Place du Tertre in Montmartre zu einem Scherenschnittporträt überreden ließ. Das Porträt war teuer und missglückt. Ich schwor, Paris so gut kennenzulernen, dass ich nie wieder in eine solche Touristenfalle tappe. So oft ich konnte, fuhr ich deshalb, erst als Austauschschülerin, später auf eigene Faust, an die Seine. Nach dem Studium zog ich für drei Monate, zehn Jahre später ganz nach Paris. Obwohl ich nun schon seit vier Jahren hier wohne, habe ich mich noch immer nicht an dieser Stadt sattgesehen.

Die Kunst und die Küche: Genießen Sie Frankreich mit allen Sinnen

Doch meine Liebe gehört inzwischen nicht mehr Paris allein. Mindestens einmal pro Jahr fahre ich mit dem Hochgeschwindigkeitszug TGV in die Stadt, die viele Franzosen mittlerweile für die aufregendste ihres Landes halten: Marseille.

Die beiden Städte – Paris und seine innovativen Museen, Marseille und seine aufstrebende Modeszene – bilden Anfang und Schlusspunkt unserer kulturellen Reiseroute. Dazwischen erkunden wir die „Provinz", wie die Pariser alles jenseits ihrer Banlieue-Viertel nennen: die Wiege des Impressionismus, die Welt berühmter Schriftstellerinnen, die Schlösser im Burgund und die zauberhafte Franche Comté, die bodenständigen Traditionslokale in Lyon, die religiöse Stille der romanischen Kirchen der Auvergne, die nach Lavendel duftenden Dörfer der Provence, die Motive Paul Cézannes. Alle diese Kulturetappen haben wir angereichert mit guten Adressen zum Essen, Übernachten und Wandern.

Lassen Sie sich von uns durch Frankreich begleiten, auf Traumstraßen fern der Autobahnen, die nicht den kürzesten, sondern den schönsten Weg zum Ziel haben. Gute Fahrt und viel Spaß dabei!

€€€

Hinter jeder Hotel-Adresse finden Sie ein Euro-Symbol für die Preiskategorie (DZ/F): **€:** bis 80 Euro; **€€:** bis 120 Euro; **€€€:** über 120 Euro

Wild wuchernde Kunst: die grüne Fassade des neu eröffneten Musée du Quai Branly. *Rechts:* Ein gigantisches Meisterwerk von Raoul Dufy, das nun wieder zu sehen ist

Paris

Die neuen Kunstperlen der Hauptstadt

Frisch eröffnet oder endlich fertig restauriert: Die Museen in Frankreichs Metropole bieten märchenhafte Erlebnisse. Wo Feen mit Elektrizität zaubern, Balkone unterm Himmel schweben und afrikanische Masken geheimnisvoll leuchten

Außen futuristisch, innen exotisch: Das im Sommer 2006 eingeweihte Musée du Quai Branly zeigt ethnische Kunst aus aller Welt

Paris wurde nicht an einem Tag gebaut und ist bis heute noch immer nicht fertiggestellt.« Dieser Satz stammt von dem spitzzüngigen, französischen Karikaturisten Yvan Francis Le Louarn, genannt Chaval (1915-1968). Und er stimmt auch heute noch: Paris ist eine Baustelle. Baugerüste werden hochgezogen, verschwinden wieder, tauchen woanders wieder auf. Manchmal bleiben sie Jahre. So war es bei rund einem Dutzend Museen der Stadt. Die Pariser hatten sich längst an die Plastikplanen vor den Fassaden und die Verkehrsbehinderungen gewöhnt, als im Jahr 2006 auf einen Schlag – wie bei einem Theaterstück der Vorhang – die Gerüste fielen und ein Haus nach dem anderen (wieder) eingeweiht wurde. Die staunenden Einheimischen wussten gar nicht, wo sie sich zuerst in die Schlange vor dem Eingang einreihen sollten: bei der spektakulären, großen Halle des Grand Palais, dem Kleinod Petit Palais, dem unerwarteten Musée d'Art Contemporain du Val-de-Marne (MAC/VAL), das sich im Arbeitervorort Vitry-sur-Seine befindet, oder doch besser bei der Orangerie?

Alle neuen Museen anzusehen (ganz zu schweigen von den Wechselausstellungen in 180 Museen plus 300 Kunstgalerien und 270 historischen Monumenten), ist auch für uns Besucher nicht machbar. Man muss auswählen. Drei der Häuser eignen sich perfekt für den Einstieg in unsere Kulturwege durch Frankreich, denn sie sind wahre Kunstperlen, und es macht Spaß, sie neu oder wiederzuentdecken: das Musée d'Art Moderne de la Ville de Paris – weil es Werke hat, die viele Pariser während des Umbaus vermissten. Das Musée des Arts Décoratifs – weil man nach über zehn Jahren Umbau völlig vergessen hat, welche architektonische Perle sich im Seitentrakt des Louvre verbirgt. Und das Musée du Quai Branly – weil dieser Neubau nicht nur Gemüter entzweit, sondern auch ganz neue Maßstäbe in der Museumslandschaft setzt.

EIN TEMPEL HOCH ÜBER DER SEINE FÜR DIE WILDE MODERNE

Fluxus, Orphismus, Arte Povera: Das Musée d'Art Moderne versammelt die Avantgarde

Unsere erste Station gilt der Moderne, dem Musée d'Art Moderne de la Ville de Paris, kurz MAM. Wie ein antiker Tempel thront das Kunsthaus hoch über der Seine, nicht weit vom berühmten Trocadéro entfernt. Seine von Säulen eingerahmte Sonnenterrasse mit Blick auf Fluss und Wasserbassin ist legendär. Hier treffen sich am Tag die Skater zum Üben, bei Sonnenuntergang die West-Pariser zum Plausch und nachts die Trommler und Feuerschlucker. Im Sommer bereichert das bunte Treiben noch ein Open-Air-Restaurant. Dass hier einmal so viel Leben einkehren würde, hätten sich die Planer 1937, als sie den neoklassizistischen Monumentalbau hochzogen, niemals träumen lassen. Sie wollten zur Weltausstellung mit dem »Palast für Kunst und Technik« vor allem eines: beweisen, dass Frankreich neben der verspielten Architektur eines Grand Palais auch moderne Nüchternheit bauen kann.

HINKOMMEN

In Paris lässt man das Autofahren besser sein. In der Stadt herrscht Rushhour den ganzen Tag, Parkplätze sind rar, es wird abgeschleppt, ohne lange zu zögern. Zum »Musée d'Art Moderne« mit der Metro Nr. 9, Haltestelle Iéna oder Alma-Marceau. Von dort wenige Minuten zu Fuß

»La Fée Electricité« ist mit über 600 Quadratmetern eines der größten Kunstwerke der Welt. Raoul Dufy malte es zur Weltausstellung 1937

Von dieser lichtdurchfluteten, puristischen Architektur profitiert noch heute das Museum, das erst lange nach dem Krieg, 1961, in den Ostflügel des Palais de Tokyo einzog und beim letzten Umbau sogar auf Reisen gehen musste. Zwei Jahre lang tourte die Sammlung durch fremde Häuser, bis sie im Februar 2006 nach Beendigung der vorläufig letzten Restaurierung endlich wieder in ihre angestammten Räume zurückkehren konnte. Wer das Museum erstmals besucht, ist überrascht, wie hell und freundlich das Tageslicht in den weitflächigen Eingangsbereich scheint. Später, in den anderen Räumen, wird es der Kunst zuliebe dunkler.

Zwei neue Rundgänge geben einen guten Überblick der Kunst im MAM. Der Parcours Historique zeigt Werke aus der Zeit zwischen 1900 bis 1960 mit Stilrichtungen wie Fauvismus, Kubismus, Post-Kubismus und Orphismus, einer von Robert Delaunay entwickelten Stilrichtung der abstrakten Malerei. Im Parcours Contemporain gibt es Kunst ab 1960 mit den Stilen Neuer Realismus, Fluxus, Arte Povera inklusive den Neuerwerbungen von z. B. Douglas Gordon, Sarah Morris, Bernard Frize. Und außerdem gibt es zwei

Räume, die man einfach besucht haben muss: den Saal Matisse mit seinem berühmten Werk »La Danse«. Ein Meisterwerk von Henri Matisse (1869–1954), das jeder aus dem Kunstunterricht kennt und an dem man sich einfach nicht satt sehen kann. Und den Saal Dufy mit »La Fée Electricité«.

Das vom Asbest befreite Mammutwerk von Raoul Dufy (1877-1953) ist eines der absoluten Highlights. Die Auftragsarbeit, die wie das Gebäude zur Weltausstellung im Jahr 1937 entstand, ist mit ihren 624 Quadratmetern eines der größten Gemälde der Welt. Seit 1964 ist das farbenfrohe Werk im Museum installiert, es zeigt auf 260 einzelnen Panelen die Entwicklung der Elektrizität von den Göttern des Olymp bis zum modernen Elektrizitätswerk im Pariser Vorort Vitry-sur-Seine. Auf dem imposanten Bild, das einen ganzen Raum im Museum einnimmt, tummeln sich mehr als 100 Wissenschaftler, darunter Archimedes, Edison, Röntgen. Und die elektrische Fee zaubert mit ihrer bunten Magie vom Boden bis hinauf zur Decke.

Gute Laune und Gänsehaut – das kann passieren in den Museen dieser Stadt

Auge in Auge mit diesem Werk fühlen wir uns ganz klein und auch überfordert. Wohin zuerst sehen? Wo anfangen? Wir stellen uns in der Mitte des Raumes und lassen die Farben auf uns wirken. Andere Besucher betreten den Raum und flüstern kurz, bevor auch sie schweigen. Dieses Bild nimmt ein, verursacht Gänsehaut und macht gleichzeitig gute Laune. Wie schön, dass man es nun wieder besichtigen kann.

Die Welt draußen wirkt nach diesem Farbrausch fast eintönig. Obwohl das Museum du Quai Branly genau gegenüber, also auf der anderen Flussseite, liegt, werden wir nicht direkt hingehen, sondern einen Umweg nehmen. Denn erstens brauchen wir eine kleine Kunst-Pause. Und zweitens wollen wir ja auch ein biss-

Speisezimmer um 1880: Die Möbel stammen von dem Innenarchitekten Eugène Grasset. *Rechts:* der lichtdurchflutete Eingang des umgebauten Museums für dekorative Künste

chen was von Paris sehen. Der Bus Nr. 72 ist dazu das geeignete Mittel – und ein Geheimtipp: Besser als jede teure Sightseeing-Tour fährt er an fast allen wichtigen Sehenswürdigkeiten entlang der Seine vorbei, bis in die Innenstadt zum Louvre.

DAS »ARTS DÉCO«: EIN HELLES MEISTERSTÜCK DER ARCHITEKTUR

»Das Gebäude atmet auf«, schrieb die französische Zeitung »Le Monde«, als das »Arts Déco«, wie man in Paris das Museum für dekorative Kunst gern abkürzt, im September 2006 wiedereröffnet wurde. Nach zehn Jahren Umbau erwacht der nordwestliche Flügel des Louvre zu neuem und lichtdurchflutetem Leben. Wo früher triste Büros lagen, schweben heute unter dem neuen Glasdach weiße Balkone unter dem Pariser Himmel. Zwischen den auf mehreren Etagen verteilten Ausstellungsräumen erstreckt sich wie eine Straße der zum Lichthof verwandelte Flur, dessen vollständig restaurierter Mosaikboden allein schon ein Kunstwerk ist. Das ganze Ensemble ist ein Lehrstück an architektonischer Harmonie und Schönheit.

Auf den insgesamt neun Etagen (die letzten drei sind in einem Turm untergebracht) präsentieren sich Meisterstücke der Handwerkskunst vom Mittelalter bis heute. Es gibt Betten, in denen berühmte Kurtisanen schlummerten und auch noch anderes taten, und Wiegen, in denen Prinzen schrien, die später König im Exil wurden. Es gibt lackierte Paravents und Stühle aus exotischen Hölzern, Korsagenschmuck und Meißener Porzellan für das Frühstück im Freien. Und es gibt vor allem die »Periodenräume«. Sie gehören neben dem imposanten Eingang zu den Highlights des Museums, denn in ihnen wird Geschichte lebendig. Hier treten wir in Wohnwelten der Vergangenheit, die Räume sind

HINKOMMEN

Von der Bushaltestelle »Musée d'Art Moderne – Palais de Tokyo« mit dem Bus Nr. 72 Richtung »Hôtel de Ville«. Aussteigen an der Haltestelle »Quai François Mitterrand«. Zu Fuß den Louvre durchqueren und durch die Arkaden bis zur Rue de Rivoli

vollständig im Stil einer Epoche gehalten. Plötzlich stehen wir mitten im Salon des Hôtel Talairac von 1783, im Esszimmer des Graveurs Charles Gillot von 1905 oder im Badezimmer der Modedesignerin Jeanne Lanvin von 1924. Eine Zeitreise, die so ganz nebenbei auch noch gute Einrichtungsideen liefert.

Eintauchen in fremde, mystische Welten: im neuen Musée du Quai Branly, das Präsident Jacques Chirac erbauen ließ

EIN SPEKTAKULÄRES HAUS DER TOTEN UND LEBENDIGEN KULTUREN

Ein echter Kontrast zu der verschnörkelten Architektur des Louvre ist unsere letzte Station, der Neubau des Musée du Quai Branly. Die Errichtung neuer Museen und Monumente gehört in Frankreich zum guten Ton einer Regentschaft. Der frühere Präsident François Mitterrand war diesbezüglich kaum zu bremsen. Ganz anders sein Nachfolger Jacques Chirac. Auf seine Amtszeit geht in Paris nur ein einziges neues Museum zurück: das Musée du Quai Branly.

Über acht Jahre hat es gedauert, bis es – in Stein, Stahl und Glas realisiert – am Seine-Ufer stand. Im Sommer 2006 wurde dieses von Frankreichs Star-Architekt Jean Nouvel konzipierte Gebäude, das zur Flussseite durch eine bepflanzte Fassade und eine Glasfront auffällt, eingeweiht. Es besteht aus vier einzelnen, aber in sich verbundenen Häusern, die einen Park umklammern, und beherbergt eine Sammlung von 300000 Objekten ethnischer Kunst aus den Häusern Musée de l'Homme und Musée national des Arts d'Afrique et d'Océanie.

Ob nun das Gebäude oder die Sammlung die Sensation ist, kann man in diesem Museum nicht mit Bestimmtheit sagen. Beide buhlen mit viel Raffinesse um die Aufmerksamkeit der Besucher. Und das beginnt schon gleich am Eingang: Kaum haben wir die gläserne Schallschutzwand an der Seine durchschritten, treten wir auf kleine Insekten, Muscheln und Käfer, die, geschützt

HINKOMMEN

Mit dem Boot: *Vom Musée des Arts Décoratifs zu Fuß bis zur Seine gehen (durch den Louvre durch, an der Glas-Pyramide vorbei). An der Seine circa 100 m nach links (den Fluss nicht überqueren!) und die Stufen runter zum Ufer gehen. Dort den Fluss-Shuttle Batobus (www.batobus.com) an der Haltestelle Louvre nehmen und bis zur Haltestelle Eiffelturm fahren*

Mit dem Bus: *Zu Fuß durch den Park Tuileries bis Concorde. Mit dem Bus Nr. 42 Richtung »Hôpital Européen Georges Pompidou«, aussteigen an Haltestelle »Tour Eiffel«, dann 100 m zurücklaufen zum Museum*

durch eine Glasschicht, in den Boden und die Gehwege eingelassen sind. Der Pfad führt durch einen frisch bepflanzten Park bis zum Eingang. Endlich im Museum, stehen wir einem riesigen gläsernen Depot gegenüber, in dem sich bizarre Musikinstrumente bis zur Decke stapeln. Um das Musikdepot – das summt, wenn man es berührt – windet sich ein Toboggan hoch zu den Ausstellungsräumen. Fast alle fünf Meter beim Aufstieg gibt es etwas Neues zu entdecken: Schattenspiele, Diaprojektionen, Filme …

Und dann steht man plötzlich mittendrin. In Afrika. Dort, wo der Parcours durch das »Plateau des Collections« beginnt, wo die Wände mit Leder bespannt sind und dunkles Ambiente die empfindlichen Kunstwerke vor dem grellen Sonnenlicht schützt. Während ich mich in anderen Völkerkundemuseen immer in eher langweilige Geografie-Schulstunden zurückversetzt sehe, erlebe ich hier im Quai Branly ein museales Theaterstück: perfekt ausgeleuchtete Vitrinen, in denen mit bunten Federn beklebte Holzmasken aus Südamerika böse Grimassen ziehen, aus denen rabenschwarze Inka-Statuen aus dem 15. Jahrhundert uns anlächeln, handbemalte Batik-Plisseeröcke aus China unsere Mode des 21. Jahrhunderts alt aussehen lassen.

Schätze aus Afrika und Ozeanien erinnern an längst untergegangene Kulturen, wie diese Maske von der Elfenbeinküste

All die Skulpturen, Kostüme, Musikinstrumente und Macht-Insignien aus alten, zum Teil schon längst untergegangenen Kulturen aus Ozeanien, Asien, Afrika und Amerika flüstern Geheimnisse, flößen Angst ein und verströmen Mysterien. Dieses Museum weckt den Abenteuer- und Entdeckergeist.

ADRESSEN

DIE NEUEN MUSEEN VON PARIS

Pariser Wohnstil, Ende des 18. Jahrhunderts: der Salon Talairac im Musée des Arts Décoratifs

• Musée d'Art Moderne de la Ville de Paris (MAM)
Neben dem Centre Pompidou das
zweite Museum für moderne Kunst in Paris.
11, Avenue du Président Wilson
75116 Paris
Tel. 0033/1/53674000
www.mam.paris.fr
Öffnungszeiten: Di. bis So. 10 bis 18 Uhr,
Mi. bis 22 Uhr (nur bei Wechselausstellungen)

• Musée des Arts Décoratifs
Zusammen mit dem ambitionierten Modemuseum bildet das Museum für dekorative Kunst eine moderne Ergänzung zur Sammlung des Louvre. Zehn Jahre wurde der Flügel umgebaut. Gleich daneben hat im Februar 2007 das in Schwarz-Weiß gehaltene Lokal Le Saut du Loup (zu deutsch: Wolfssprung) eröffnet: zwei Etagen, eine große Sommerterrasse und innovative Gerichte wie etwa die Vorspeise aus warmer Gänseleber auf Orange und Schokolade (www.lesautduloup.com, tgl. 12 bis 2 Uhr).
107, rue de Rivoli
75001 Paris
Tel. 0033/1/44555750
www.lesartsdecoratifs.fr
Öffnungszeiten: Di. bis Fr. 11 bis 18 Uhr,
Sa./So. 10 bis 18 Uhr, Do. bis 21 Uhr

• Musée du Quai Branly
25 Hektar Grund, 7000 Quadratmeter Ausstellungsfläche, 235 Millionen Euro Baukosten: Das im Sommer 2006 eröffnete Museum am Seine-Ufer ist ein Renommierprojekt in jeder Hinsicht und zeigt ethnische Kunst aus aller Welt.

Ein Herz für Liebende: Das zauberhafte, neu eröffnete Hotel Amour wurde von namhaften Künstlern gestaltet. Es gibt auch Zimmer für die halbe Nacht

37, Quai Branly – Portail Debilly
75007 Paris
Tel. 0033/1/56617000
Fax 0033/1/56617001
www.quaibranly.fr
Öffnungszeiten: Di. bis So. 10 bis 18.30 Uhr,
Do. bis 21.30 Uhr

ÜBERNACHTEN

• Hotel Amour

Dieses erst jüngst eröffnete Hotel hat in Rekordzeit die Herzen der Pariser erobert. Die Räume sind bezahlbar, klein, farbenfroh und können sogar nur für eine halbe Nacht gemietet werden ... Gestaltet wurden sie von zeitgenössischen, namhaften Künstlern wie Sophie Calle, den Grafikdesignern M&M, dem Fotokünstler Terry Richardson oder dem Designer Marc Newson. Das Amour hat eine begrünte, große Innenhofterrasse, ein cooles Restaurant und die perfekte Lage: in Gehnähe zu Sacre-Cœur und den Straßenmalern auf der Place du Tertre. **€€**
8, rue de Navarin
75009 Paris
Tel. 0033/1/48783180
www.hotelamour.com

• Hotel Lancaster

Das kleine Luxushotel in der Nähe der Champs-Elysées war früher ein privates Stadthaus, diese Atmosphäre hat es sich bewahrt. Die riesigen Zimmer sind mit echten Antiquitäten und Kunstgegenständen dekoriert. **€€€€**
7, rue de Berri – Champs-Elysées
75008 Paris
Tel. 0033/1/40764076
Fax 0033/1/40764000
www.hotel-lancaster.fr

• Hotel Meurice

Das Haus atmet Kunstgeschichte. Malerfürst Salvador Dalí war über 30 Jahre Stammgast. Er hat angeblich ganz gehörig in seiner Suite mit Farben rumgespritzt, doch inzwischen ist alles wieder renoviert. Und wie schön! Denn der Sultan von Brunei, der seit 1997 Eigentümer ist, wollte aus dem Hotel wieder das machen, was es einmal war: eine königliche Absteige. Die hat ihren Preis, aber dafür stimmt der Service, und das Restaurant hat zwei Michelin-Sterne. **€€€€**

228, rue de Rivoli
75001 Paris
Tel. 0033/1/44581010
Fax 0033/1/44581015
www.lemeurice.com

Ein luxuriöses Haus, das Kunstgeschichte atmet: Im Hotel Meurice war Salvador Dalí Stammgast

ESSEN & TRINKEN

• Café Angelina

Beim Trip durch die Museen vergisst man oft das Essen, Unterzuckerung macht sich bemerkbar. Die Lösung: Man schleppt sich mit letzter Kraft vom Arts Déco zu Angelina. Dort steht eine Schlange vor der Tür? Macht nichts. Die Erfahrung beweist: Man ist schneller drinnen, als man denkt. Drinnen sieht es aus wie in einem Oma-Café? Macht nichts, dafür trägt einem der Ober die Handtasche zum Tisch. So ein guter Service ist selten in Paris. Man kann kein Französisch und weiß nicht, was man bestellen soll? Macht nichts, denn hier bestellt der Insider genau zwei Dinge: die heiße Schokolade (Chocolat à l'africaine) und den Kuchen Mont Blanc. Beides wird man in seinem Leben nie wieder vergessen. Und die Zuckerration reicht für zwei Tage.

226, rue de Rivoli
75001 Paris
Tel. 0033/1/42608200
Fax 0033/1/42869897
Öffnungszeiten: tgl. 9 bis 19 Uhr (Juli und Aug. Di. geschl.)

• Kong

Dieses Restaurant mit angeschlossener Bar hat Philippe Starck designt, das allein lohnt den Besuch. Aber noch besser sind das Essen (sonntags gibt's Brunch) und der Blick: nach oben in den Sternenhimmel, nach vorne auf die Seine inklusive Pont Neuf und seitlich auf die Zentrale des Modehauses Celine. Außerdem schrieb das Kong TV-Geschichte: Hier speiste Carrie Bradshaw alias Sarah Jessica Parker in der Folge von »Sex and the City«, als sie glaubte, der Liebe wegen nach Paris umziehen zu müssen.

1, rue du Pont Neuf
75001 Paris
Tel. 0033/1/40390900
Fax 0033/1/40390910
www.kong.fr
Öffnungszeiten: tgl. 10.30 bis 2 Uhr

Das Design von Philippe Starck und der Blick – unbezahlbar: das Kong über den Dächern von Paris. Hier dürfen die Gäste abstimmen, welche Art von Musik sie hören möchten

• L'Auberge du Clou

Das Restaurant heißt so, weil früher hier Maler (angeblich auch Toulouse-Lautrec) ein- und ausgingen und ihre Gemälde mit einem Nagel (»clou«) an die Wände hängten. Das kleine Restaurant im Schatten von Pigalle, an einem ruhigen netten Platz im 9. Arrondissement, hat seinen Charme von 1883 erhalten, mit alten Fachwerkbalken und einem offenen Kamin im ersten Stock. Im Sommer speist man auf der Terrasse unter Bäumen, die Küche ist traditionell – Jakobsmuscheln, Entenleber, Gratiniertes …

30, Avenue Trudaine
75009 Paris
Tel. 0033/1/48782248
Fax 0033/1/48783008
www.aubergeduclou.fr
Öffnungszeiten: Di. bis Sa. 12 bis 14 Uhr
und 19.30 bis 23.30 Uhr

Ein ganz normales Dorf – das Kunstgeschichte schrieb: In Barbizon malte auch Jean-François Millet
Rechts: sein Atelier in der Grande rue

Barbizon • Fontainebleau

Die Wiege des Impressionismus

Das Provinzstädtchen Barbizon, ganz in der Nähe der Hauptstadt, war der In-Treff für Monet, Renoir & Co. Weil es hier idyllische Landschaft gab, ein günstiges Matratzenlager – und eine Wirtin, die ihnen Picknickkörbe packte

Der Tisch ist gedeckt. In der Auberge Ganne sieht es aus, als kämen die Maler gleich von ihren Exkursionen zurück zum Abendessen

Barbizon ist wie ein französisches Pendant zur norddeutschen Malerkolonie Worpswede. Das Provinzstädtchen, 50 Kilometer vor den Toren von Paris, aber gefühlte Lichtjahre von der Hauptstadt entfernt, gilt als die Wiege des Impressionismus. Um 1822 siedelten sich hier die ersten Malerstudenten an. Getrieben von ihren Professoren an der Kunsthochschule und entnervt von der Großstadt, zog es sie aufs Land – oder besser gesagt in den Wald von Fontainebleau. Dort auf den Feldern rund um Barbizon fanden sie die Motive, die wir heute auf Bildern von Théodore Rousseau, Jean-François Millet, Claude Monet, Pierre-Auguste Renoir bewundern: Felder mit Kühen, Scheunen am Wald, Gänseherden auf der Wiese, Picknick im Grünen, Spaziergänger.

Dass Barbizon und seine Umgebung die perfekte Kulisse boten, sprach sich in Paris schnell herum. Als im Jahr 1849 eine Zugverbindung eingerichtet wurde, stieg der kleine Ort zum In-Treff der Intellektuellen auf. Viele reisten damals nur fürs Wochenende an, einige aber blieben länger, wurden Dauermieter in einer Auberge oder richteten sich sogar ein eigenes Atelier ein. Um 1863 waren die Sommer-Maler-Treffen bereits eine Institution. Die »École de Barbizon« wurde zur Gegenbewegung der traditionellen Kunst und zum leuchtenden Vorbild für die Freiheit der Kreation.

Das Zentrum dieser »Kunstrevolution« war ein einfacher Bauernhof, die Auberge Ganne. Heute ist der ehemalige Landgasthof ein Museum und die wichtigste Sehenswürdigkeit von Barbizon. Hier schliefen im ersten Stock die Impressionisten auf einem Matratzenlager, also dort, wo heute Wechselausstellungen gezeigt werden. Im Erdgeschoss befanden sich das Schlafzimmer der Besitzer Marie-François Ganne und seiner Gattin Edmée-Françoise, außerdem die Küche und der Essraum für die Gäste. Alle diese Räume sind heute mit viel Liebe und dank ergiebiger Suche auf den Speichern von Barbizon

HINKOMMEN

Von Paris am Ring Périphérique die Ausfahrt Porte d'Italie nehmen, zur Autobahn Autoroute du Soleil A6B Richtung Lyon. Es lohnt sich nicht, durch die Vorstädte zu fahren, dort verpasst man nichts außer Einkaufszentren an einer Ausfallstraße. Auf der A6 rund 35 km bis zur Abfahrt N7 Richtung Fontainebleau, dann bis zur Abfahrt N37 Richtung Barbizon/Chailly-en-Bière. Nach 7 km rechts auf die D64 nach Barbizon

mit Originalmöbeln rekonstruiert: Alte Kochtöpfe hängen an der Wand, der Tisch ist auf dickem, weißem Leinentuch gedeckt, ein Spinnrad steht in der Ecke, Holz liegt für den Kamin bereit.

Wenn es regnete, verewigten sich die Maler in der Herberge auf Wänden und Möbeln

»Damals«, erzählt uns eine der Museumswärterinnen, »bereitete Madame Ganne jeden Tag bei schönem Wetter einen Picknickkorb für die Maler vor. Die gingen in den Wald, machten ihre Skizzen und kamen dann hungrig zum Abendessen zurück.«

Konnten sich die Maler die Unterkunft nicht mehr leisten oder regnete es den ganzen Tag, verewigten sie sich auf den Möbeln von Madame Ganne. Das sieht man: Auf der großen Pendeluhr, dem Bett, an den Türen reiht sich ein kleines Ölgemälde ans andere. Ob es sich bei einer Schrankwand jedoch um einen echten Monet oder Renoir handelt, ist nicht eindeutig klar. Die Gemälde sind nicht signiert und gelten als Malstudien, die leider nur in den wenigsten Fällen den Malern zugeordnet werden können.

Auch Théodore Rousseau (1812–1867) wohnte in der Auberge Ganne, bis er 1847 ein kleines Häuschen anmietete, nur einen Steinwurf vom Landgasthaus entfernt. »Sie können das Haus gar nicht verfehlen. Es liegt direkt hinter der Statue mit dem Gallier«, erklärt uns die Museumswärterin. Die Skulptur mit dem Asterix-Verschnitt ist wirklich nicht zu übersehen – und zeigt, dass nach den begnadeten Impressionisten leider auch schlechte Kunst in Barbizon ihre Spuren hinterließ. Rousseaus Wohn-Atelier ist ein altes Haus mit hässlichem Anbau. Ursprünglich lag es im Garten eines Bauernhofs und hatte eine kleine Scheune, die erst zum Atelier und später zum Treffpunkt der Pariser Boheme avancierte. »Hier unter dem kleinen Ziegeldach, in dieser Scheune ohne Türen und mit einfachen Sandsteinmauern, haben wir nur gute Abende verbracht mit

Auch Hunde haben hier ein gutes Leben. In der Grande rue von Barbizon gibt es Cafés, Galerien – und viele Streicheleinheiten

Der Traum vom Leben auf dem Land: Nach Barbizon ziehen heute – wie vor 150 Jahren die Maler – immer mehr junge Pariser, die keine Lust mehr auf die Großstadt haben

Diaz, Barye ...«, erinnerte sich Rousseau kurz vor seinem Tod, als er – so die Überlieferung – ausgestreckt auf dem Sofa den Blick über die Landschaft schweifen ließ.

Rousseau starb im Jahr 1867, wenig später wurde seine Scheune abgerissen, und man baute an ihren Platz eine kleine Kapelle, die noch heute hier steht, aber eigentlich gar nichts mit dem Maler zu tun hat. Dennoch drängeln sich hier die Touristen, um einen Blick ins Innere werfen zu können, bevor sie zur eigentlichen Hausbesichtigung aufbrechen. Das heutige Museum besteht aus zwei Stockwerken. Unten sind alte Dokumente zu sehen, im ersten Stock hängen Originalgemälde von Rousseau und stehen ein paar Möbel, auf denen seine Pinsel und Malerpaletten liegen. Im Treppenaufgang zeigen Fotografien eine schwarz-weiße Landnostalgie mit Schäfern, Ziegen und vereinzelt ein paar Hütten. So also hat es damals hier ausgesehen.

Eigentlich hat sich Barbizon seit diesen Tagen kaum verändert, nur dass heute die Straßen gepflastert sind und auf den früheren Äckern und Wiesen Häuser stehen. Zwar atmet der Ort jetzt keinen revolutionären Geist mehr, aber seine künstlerische Vergangenheit ist immer noch lebendig. An der Grande rue, dem Mittelpunkt des Ortes, reihen sich die Kunstgalerien. Und zu Impressionismus-Pilgern und den Alteingesessenen hat sich längst noch eine dritte Gruppe gesellt: junge Ex-Pariser, die – wie einst die Maler – der Großstadt den Rücken gekehrt haben und nun der Provinzgemeinde einen gehörigen und teilweise auch nötigen Schuss Modernität verleihen.

Stéphane Michot ist einer von ihnen. Der ehemalige Stylist und Modeberater, der früher unter anderem für die Modezeitschrift »L'Officiel« und Louis Vuitton gearbeitet hat, ist zusammen mit seinem Freund und seinem Hund Brigitte im Mai 2006 aus Paris nach Barbizon gezogen. »Der Ort ist nett, die Leute sind nett, und es liegt nah an Paris. Ich hatte die Schnauze voll von der Modebranche.« In Barbizon hat er einem Schweizer Ehepaar seine Kunstgalerie (was sonst?) abgekauft und sie in einen Dekoladen inklusive Teestube namens Sans Tambours ni Trompettes umgebaut, übersetzt Ohne Pauken und Trompeten. – »Der Laden heißt so, weil ich keinen Wirbel um die Eröffnung machen wollte«, sagt er. »Das war auch nicht nötig.« Die Holzstühle auf dem Gehweg sind meist alle besetzt, vor allem von den neuen Bürgern von Barbizon und ihren Kindern. Die weniger wegen Stéphanes gutem Kaffee kommen, sondern wegen Brigitte, der anhänglichen und sehr liebebedürftigen Mischlingshündin. Brigitte war die Einzige, die nicht begeistert war vom Umzug aufs Land. »Sie hatte sogar eine richtige Depression. Früher stand sie bei jedem Shooting von Givenchy im Rampenlicht, hier war dann der Trubel vorbei. Aber dafür hat sie heute den Wald um die Ecke. Wart ihr da schon spazieren?« Wir werden auf unserem Weg zum Schloss Fontainebleau einen Abstecher machen.

Kunstgalerien und Cafés: die Grande rue in Barbizon

KUNST UND KURIOSES AUS ASIEN: DIE LEIDENSCHAFT DER KAISERIN

Gab der Wald dem Schloss oder das Schloss dem Wald den Namen? Jedenfalls ist das eine ohne das andere nicht denkbar. Das Château, Königssitz zwischen dem 16. und 19. Jahrhundert, ist eingebettet in seinen verwunschenen Wald. Im Vergleich zu Versailles mag Fontainebleau klein und weniger pompös sein, doch in seiner Dekoration und Vielfalt übertrifft es seinen Konkurrenten spielend. Von François I. bis Napoleon III. haben alle französischen Regenten hier ihre Spuren hinterlassen – in Form von Anbauten, intarsienreichen Holzdecken, Böden, prachtvollen Möbeln. Das Schloss von Fontainebleau wird deswegen auch als das »Haus der Jahrhunderte« bezeichnet.

HINKOMMEN

In Barbizon zurück auf die D64. Dort 2 km bis zum Ort Macherin, dort bei Stopp links in die D11, Direktion Gorges-de-Franchard. Wieder bis Stopp, dann links in die D409 Richtung Fontainebleau

Figuren aus Jade und Elfenbein, Buddhas aus Tibet und Porzellan aus China: exotische Schätze im Musée chinois

Wir sind hierher gekommen, um das chinesische Museum zu besichtigen, das auf unserer Tour auf den Spuren des Impressionismus nicht fehlen darf, denn, so verblüffend es klingt: Die asiatische Kunst hat die Impressionisten stark beeinflusst. Mit der Öffnung des Warenhandels mit Japan und mit den Staatsreisen nach China zur Mitte des 19. Jahrhunderts wurden chinesische Kunstwerke nach Frankreich transportiert, deren Stil vor allem von den Kunstrebellen des Impressionismus aufgriffen und in neuen Formen und Farben interpretiert wurde.

Die Malstudenten von Barbizon hätten deshalb sicherlich Luftsprünge gemacht, wenn sie gewusst hätten, dass auf der anderen Seite ihres Waldes ein wahrer Schatz an asiatischer Kunst verborgen ist: im Kabinett der Kaiserin Eugénie. Die ebenso schöne wie gebildete Frau Napoleons III. und letzte Regentin Frankreichs war eine begeisterte Sammlerin. Ihr Gatte brachte ihr von seinen Reisen Geschenke mit, die Botschafter sandten ihr Pretiosen zu, und die französische Armee ging regelrecht für sie auf Beutezug.

Das Ergebnis ist ein wahres Kuriositätenkabinett: Kleine vergoldete, tibetanische Messing-Buddha-Denkmäler, sogenannte Stupas, liegen neben chinesischem Porzellan, Jade- und Elfenbeinskulpturen, Fächern, Sonnenschirmen sowie fernöstlichen Schmuckstücken. Das wertvollste Stück ist die Kopie der königlichen Krone von Siam, die die Regentin 1861 vom Botschafter von Siam im Ballsaal des Schlosses überreicht bekam. Die riesigen Glasvitrinen, die von der Kaiserin extra zu diesem Zweck angefertigt wurden, reichen fast bis hoch zur Decke. Die Wände des ganz in dunklem Schwarz-Rot-Gold gehaltenen Raums bedecken lackierte Paravents, auf denen kunstvolle chinesische Malereien zu sehen sind. Drei Buddha-Figuren an der Decke scheinen uns zu beobachten, während wir an der Kaminseite den Altar bestaunen, an dem goldene Drachen, Elefantenzähne und riesige Vasen um ein großes Räucherfass thronen. Früher sahen die dickbäuchigen Heiligen der Kaiserin und dem Kaiser beim abendlichen Tanzen zu.

Eine hübsche Vorstellung, dass hier im opulenten chinesischen Salon des Schlosses die Regenten intime Soireen veranstalteten, während auf der anderen Seite des Waldes die jungen wilden Impressionisten ihr Boheme-Leben genossen.

Château Fontainebleau: Von François I. bis Napoleon III. haben französische Regenten hier ihre Spuren hinterlassen

ADRESSEN

DIE KÜNSTLERKOLONIE BARBIZON

• Auberge Ganne

Der Gasthof, in dem die meisten Impressionisten wohnten. Heute ein liebevoll eingerichtetes Museum.

92, Grande rue
77630 Barbizon
Tel. 0033/1/60662227
Fax 0033/1/60662296
www.seine-et-marne.fr
Öffnungszeiten: tgl. außer Di. 10 bis 12.30 Uhr und 14 bis 17.30 Uhr

• Maison-Atelier de Théodore Rousseau

Das Wohnhaus von Rousseau ist der einzige Ort in Barbizon, wo noch Originale zu sehen sind. Im benachbarten Atelier Millet (27, Grande rue) hängen leider nur Kopien.

Royaler Prunk: eine opulente Kassettendecke im Ballraum Henris II. im Schloss Fontainebleau

55, Grande rue
77630 Barbizon
Tel. 0033/1/60662227
Fax 0033/1/60662296
Öffnungszeiten: tgl. außer Di. 10 bis 12.30 Uhr und 14 bis 17.30 Uhr

• Musée Chinois/Château de Fontainebleau

Der Besuch des Musée Chinois ist nur im Rahmen der Besichtigung der »Grands Appartements«, der Schlafgemächer der Kaiserin im Schloss, möglich. Da das Museum jedoch aus Mangel an Aufsichtspersonal oft geschlossen hat, empfiehlt es sich, vorab telefonisch die Öffnungszeiten zu erfragen. Der vor dem Museum gelegene Karpfenteich ist unbedingt auch einen Besuch wert.
77300 Fontainebleau
Tel. 0033/1/60715070
Fax 0033/1/60715071
www.musee-chateau-fontainebleau.fr
Öffnungszeiten: tgl. außer Di. 9.30 bis 17 Uhr, Juni bis September bis 18 Uhr

Hier schlief schon Marcel Proust: das Hôtel de Londres gegenüber vom Schloss in Fontainebleau

ÜBERNACHTEN

• Hôtel de Londres

In diesem kleinen Stadthotel hat einst sogar Marcel Proust genächtigt – wahrscheinlich in einem der Zimmer mit dem phänomenalen Ausblick aufs Schloss. 15 Zimmer und 3 Suiten hat das ehemalige Wohnhaus, das genau gegenüber dem Schloss liegt und sehr passend zur Umgebung mit Louis-XVI-Möbeln eingerichtet ist. **€€**
1, Place du Général de Gaulle
77300 Fontainebleau
Tel. 0033/1/64222021
Fax 0033/1/60723916
www.hoteldelondres.com

• Le Clos des Fontaines

Ein Chambre d'Hôtel, wie man es liebt und kennt: In einem typischen Landhaus mit Natursteinmauern, nur 14 Kilometer entfernt von Barbizon in der 500-Seelen-Gemeinde Nainville-les-Roches, hat Geneviève Soton vor wenigen Jahren ein Gästehaus mit fünf Zimmern installiert. Die Zimmer heißen wie Gewürze – Zimt, Safran, Sesam, Muskat und Meersalz. Es gibt einen Tennisplatz, ein Fitnessstudio und natürlich einen Platz zum Boule-Spielen. Für Waldgänger stellt die Besitzerin sogar einen gefüllten Picknickkorb bereit. **€€**

3, rue de l'Eglise
91750 Nainville-les-Roches
Tel. 0033/1/64984056
www.closdesfontaines.com

• L'Aigle Noir

Wenn in Fontainebleau getagt wird, übernachtet die Polit-Prominez im Schwarzen Adler. Valéry Giscard-d'Estaing, François Mitterrand, Jacques Chirac, aber auch Caroline von Monaco und Gregory Peck schlummerten schon in dem Gebäude aus dem 15. Jahrhundert, das sich wie das Hôtel de Londres genau gegenüber vom Schloss befindet. **€€€**

27, Place Napoléon Bonaparte
77300 Fontainebleau
Tel. 0033/1/60746000
Fax 0033/1/60746001
www.hotelaiglenoir.com

ESSEN & TRINKEN

• Sans Tambours ni Trompettes

Dekoladen mit angeschlossener Teestube und einem englisch sprechenden Besitzer, der früher Stylist und Modeberater in Paris war. Es gibt Bio-Eis und -Sorbet, und die Sablés der Firma Mariage Frères passen wunderbar zum Darjeeling oder der heißen Schokolade.

Einmal Tee, bitte: im Sans Tambours ni Trompettes, einem Treffpunkt für alle in Barbizon

Stéphane in der Ermitage St. Antoine kocht am liebsten Fisch. Und wenn der Händler keinen guten Fisch hat, dann macht er das Restaurant zu

56, Grande rue
77630 Barbizon
Tel. 0033/1/60664355

• L'Ermitage St. Antoine
Stéphane Lukas arbeitete erst in Paris, dann an der Côte d'Azur, bevor er sich zusammen mit seiner Frau Gaëlle im Januar 2004 in Barbizon selbstständig machte. Sein Restaurant mit Sommerterrasse ist – weit weg vom Meer – auf Fisch spezialisiert. Jeden Dienstag und Mittwoch, wenn das Lokal geschlossen ist, geht der Küchenchef im wahrsten Sinne des Wortes auf Fischfang: Er kauft nur das Beste, und wenn ihm das Angebot von seinem Fischer, der direkt von der bretonischen Küste kommt, nicht gefällt, kauft Stéphane gar nichts. »Manchmal muss ich dann das Restaurant zusperren, weil ich nichts zum Kochen habe.« Es ist deshalb sinnvoll, schon am Freitag bei ihm einen Tisch zu reservieren, denn nach dem Wochenende steht oft nichts mehr auf der Speisekarte. Dann bleibt nur noch der Nachtisch. Wir empfehlen: Bonbon de crapulon. Das nach Stéphanes Tochter benannte Dessert besteht aus Salzteigbonbons, die heiße Schokolade umschließt und die mit Minzeis und Waldfrüchten serviert werden.
51, Grande rue
77630 Barbizon
Tel. 0033/1/64819696
Fax 0033/1/60664628

✶ EXTRATIPP

Fôret de Fontainebleau
Rund um das Schloss liegt eines der größten zusammenhängenden Waldgebiete Europas: 25 000 Hektar umfasst der Wald von Fontainebleau, in dem die Maler von Barbizon auf ihren Exkursionen viele ihrer Naturmotive fanden. Es gibt Reit- und

L'ERMITAGE
St ANTOINE
CAVE A VINS
ERM

Radwege, man kann Kanu fahren, klettern, und es gibt Hunderte von Kilometern Wanderwege in unterschiedlichen Schwierigkeitsgraden.
Sicherlich einer der schönsten und bekanntesten Rundwanderungen ist der »Circuit des 25 bosses«, also der Weg der 25 Buckel, der um das Massiv der drei Pinien herumführt. Das klingt nicht nur romantisch, das ist es auch. Denn das im Südwesten des Walds gelegene Massif des Trois Pignons wirkt wie eine Landschaft aus »Jurassic Park«, der abwechslungsreiche Pfad führt über Stock und Stein, durch wüstenähnliche Sandbänke, dichte Wälder und vorbei an bizarren Felsformationen. Die Felsenreste, die das Meer hier vor 36 Millionen Jahren übrig gelassen hat, sehen aus wie Schildkröten, Salamander, Dinosaurier, Krokodile ... Die Wanderung dauert zwischen fünf und sechs Stunden und ist nur mit einem gut gefüllten Picknick-Rucksack zu überstehen. Wichtig: festes Schuhwerk und eine gute Karte. Da es sich um einen Rundweg handelt, gibt es keinen konkreten Ausgangspunkt.

Office de Tourisme du Pays de Fontainebleau
4, rue Royale
77300 Fontainebleau
Tel. 0033/1/60749999
Fax 0033/1/60748022
www.fontainebleau-tourisme.com

Schloss mit Blick ins Grüne: Rund um den Park von Fontainebleau erstreckt sich eines der größten Waldgebiete Europas

HINKOMMEN

Von Fontainebleau über die D409 bis Milly la Fôret. Dort abbiegen auf die D16 nach Noisy-sur-Ecole. Vor dem Ortseingang sind Parkmöglichkeiten ausgeschildert (Parking Les Trois Pignons, Parking de la Roche aux Sabots)

Der Esprit der Colette: Auf einem Spiegel im ihr gewidmeten Museum sind ihre Texte zu lesen. *Rechts:* die Schönheit der George Sand auf einem Porträt ihres Malerfreundes Auguste Charpentier

Saint-Sauveur • Nohant • Nevers

Rebellinnen der Literatur

Kreuz und quer durch Frankreichs Mitte auf den Spuren von drei eigenwilligen Schriftstellerinnen: die Kapriolen der Colette, die Lieben und Leiden der George Sand, die Träume der Marguerite Duras

In der kleinen Stadt Saint-Sauveur-en-Puisaye wurde Sidonie Gabrielle Colette geboren, hier lebte sie 18 Jahre lang. Das Schloss ist heute ein Museum, das das bewegte Leben der Schriftstellerin dokumentiert

Zwei Jahrhunderte. Drei Frauen. Drei Schicksale. Auf den ersten Blick haben **George Sand** (1804-1876), **Colette** (1873-1954) und **Marguerite Duras** (1914-1996) nur wenig gemein. Doch auf der Spurensuche entlang der Orte, an denen die drei französischen Schriftstellerinnen gelebt oder gewirkt haben, wird klar, dass sie vor allem anderen eines eint: ihre avantgardistische Gesinnung. Sie alle waren zu ihrer Zeit Trendsetter. Sie genossen Ansehen, spalteten die Gemüter und schockierten durch ihr emanzipiertes Auftreten, das sie auch gern durch modische Extravaganzen wie das Tragen von Herrenanzügen untermauerten.

Unsere Fahrt vom Geburtsort Colettes im nördlichen Burgund zum Wohnhaus von George Sand im Centre und zurück ins südöstliche Burgund nach Nevers, dem Schauplatz eines Stücks von Marguerite Duras, wird zu einer Begegnung mit drei außergewöhnlichen Frauen, aber auch zur Entdeckungstour quer durch die touristisch vernachlässigte Mitte Frankreichs. Die Zickzackroute ist mit Bedacht gewählt, um die traumhaften Landschaften der Regionen Burgund und Centre voll auskosten zu können.

Sie schrieb wie keine Zweite über die Liebe. Und sagte im Alter weise: »Man stirbt nur am ersten Mann.«

MUSÉE COLETTE: EIN HAUS VOLLER GESCHICHTEN UND ANEKDOTEN

In einer hügeligen Landschaft mit sattgrünen Wiesen und Kühen, im tiefsten Burgund, liegt Saint-Sauveur-en-Puisaye. In der kleinen Provinzstadt zwischen den Flüssen Yonne und Loire, rund 200 Kilometer südöstlich von Paris, wurde 1873 Sidonie Gabrielle Colette geboren – talentierte Varietékünstlerin und Journalistin, Schriftstellerin und Emanze. 18 Jahre lebte sie hier. Unten, in der Stadt. Das Museum zu ihren Ehren liegt jedoch oben, im Schloss. Ein Haus, dessen jüngste Geschichte

HINKOMMEN

In Fontainebleau auf die D58 Richtung Episy. In Sorque rechts auf die D104 nach Montigny, dort links auf die D58 Richtung Nemour. In La Genevraye rechts auf die D40, dann links auf die D58. Nach Treuzy, entlang des Lunain-Tals auf die D58 und die D69 nach Chéroy. Dort auf die D81, in Sens auf die N6 nach Joigny. Rechts auf D955 nach Senan und durch eine schöne Alleenstraße bis Ailland-sur-Tholon, weiter bis Toucy. Der D955 folgen bis Saint-Sauveur-en-Puisaye. Gesamtstrecke: ca. 140 km

Ein Löwe wacht am Schloss in Saint-Sauveur über das Andenken Colettes

sicherlich ganz nach Colettes Geschmack gewesen wäre. Denn der letzte aristokratische Besitzer des Châteaus, so heißt es, wurde wegen seiner Liebschaften so sehr von den Dorfbewohnern gemieden, dass er aus Rache das Schloss nicht seiner eigenen, sondern der Nachbargemeinde vermachte. Die wiederum weigerte sich, das Gemäuer Saint-Sauveur-en-Puisaye für das Colette-Projekt zur Verfügung zu stellen. Man stritt, die Zeit verging, das Haus verfiel. So stark, dass die Renovierungsarbeiten der Gemeinde über den Kopf wuchsen und sie das Schloss doch hergab. Kostenlos.

Dem 1995 eröffneten Museum ist eine sehr moderne und sensible Umsetzung von Colettes bewegtem Leben gelungen. Es ist ein charmantes Geschichtshaus zum Sehen, Hören, Fühlen und Entspannen. Hunderte von Schwarz-Weiß-Bildern dokumentieren Colettes Biografie von der Kindheit im Burgund bis zu ihrem Tod 1954 in Paris. Colette, die man auf Bildern oft mit wirrem Kraushaar und misstrauisch-bösem Blick sieht, begegnet uns hier als junge hübsche Frau voller verrückter Ideen und in extravaganten Outfits.

Wir sind die einzigen Besucher an diesem sonnigen Montag. Ganz still ist es im Museum, nur aus den Lautsprechern, die sich zwischen den Bildern verstecken, tönt knatternd Colettes Stimme. Sie erzählt aus ihrem Leben, Anekdoten von ihrer Mutter, ihrem Bruder Leo, ihrer Lieblingskatze Babou und ihrem Hund Toby-Chien. Ihre schon leicht brüchige Stimme, die manchmal an Edith Piaf erinnert, begleitet uns auch in die nächsten Räume, wo mit Originalmöbeln ihre letzte Pariser Wohnung im Palais Royal nachgebildet ist. Das rote Schlafzimmer, der Salon, ihre berühmte Briefbeschwerer-Sammlung, die Schmetterlings-Galerie an den Wänden. Schnitt.

Ein nachgebauter alter Kinosaal lässt Colettes turbulente Zeit als Varietékünstlerin wiederauferstehen. Damals, um 1906, nach ihrer ersten Scheidung, hielt sich die junge, hübsche Brünette mit Bühnenauftritten über Wasser. Verführerisch blickt die später hoch ausgezeichnete Schriftstellerin in aufreizender Wäsche von alten Theaterplakaten. Auf der Kinoleinwand läuft parallel dazu ein Stummfilm über Paris. Ihr erotischer Ausflug ins Varieté hat ihrer Karriere aber nicht geschadet. Die Erfolgsautorin wurde Ritter der Ehrenlegion und Jury-Mitglied des angesehenen Prix Goncourt. Das Enfant terrible der Literatur war die erste Frau in Frankreich, die ein Staatsbegräbnis bekam.

Hunderte von Fotos zeigen Colettes Werdegang: das sorglose Kind im Burgund, die frivole Varieté-künstlerin in Paris, der Ritter der Ehrenlegion

Während wir in der kleinen Teestube im autobiografischen Werk »La Vagabonde« (»Die Vagabundin«) und in Colettes berühmtesten Roman »Chéri« blättern, erzählt die Dame von der Kasse, dass es dem Museum sehr schlecht gehe. Zu wenig Besucher. Zu weit ab vom Schuss. Im Winter kann es aus Geldmangel sogar nur wenige Stunden geöffnet werden. Wie schade, denke ich, als ich aus dem Schloss nach draußen trete. Dieses liebevolle Museum ist es wert, besucht zu werden. Die Landschaft drumherum ist es allemal.

WO GEORGE SAND LEBTE: »AM ENDE DER ENDLOS GRÜNEN WIESEN«

Vorbei an kleinen Dörfern, verstreuten Gutshöfen und Schlössern geht es weiter bis Nohant, einem Städtchen in der bäuerlich geprägten Provinz Berry. Hier steht das Haus, in dem George Sand nach dem frühen Tod ihres Vaters aufwuchs und das sie später von ihrer adligen Großmutter erbte – ein herrschaftlicher Landsitz, flankiert von Nebengebäuden, umgeben von einem weiten Park

Ein herrschaftliches Haus, das Freunden immer offen stand: In Nohant, damals drei Tagesreisen von Paris entfernt, empfing George Sand Maler, Musiker und Literaten wie Delacroix, Liszt und Balzac

HINKOMMEN

Von Saint-Sauveur-en-Puisaye auf die D955 rund 30 km Richtung Cosne-sur-Loire und weiter fast 60 km bis Bourges. Dort auf die Umgehungsstraße N142, am Kreisel auf die N151 Richtung Châteauroux. In Saint-Florent-sur-Cher links auf die D35 bis Châteauneuf-sur-Cher, unterhalb des Schlosses rechts über die Brücke auf die D940, rund 13 km bis Lignières. Den Schildern nach La Châtre folgen bis Saint-Christophe-en-Boucherie. Dort rechts auf die D68A nach La Berthenoux, an der Kirche rechts vorbei, dann links auf die D72. Durch Vreneuil-sur-Igneraie und auf der D69 nach Saint-Chartier, dort links auf die D918 nach Nohant. Gesamtstrecke: ca. 170 km

und umzäunt von einer hohen Mauer mit prachtvollem Tor. Die 1804 in Paris als Amantine Aurore Lucile Dupin geborene, verheiratete (und wieder geschiedene) Baroness Dudevant und unter dem Namen George Sand bekannte Schriftstellerin verbrachte hier den größten Teil ihres Lebens. An diesem Ort »am Ende der endlos grünen Wiesen«, wie es die Literatin selbst beschrieb, entstanden auch die meisten ihrer zahlreichen Sagen, politischen Schriften und 80 Romane, darunter ihre beiden bekanntesten Werke »Consuelo« und »La Mare au Diable« (»Das Teufelsmoor«).

Noch heute atmet das Herrenhaus mit den hellblauen Fensterläden ihren Geist. Alles ist so geblieben, wie George Sand es einst verlassen hat: Familienfotos stehen auf dem Kaminsims, im Esszimmer ist der Tisch gedeckt für ein Abendessen mit Freunden, in ihrem Arbeitszimmer liegen Feder und Papier bereit, Bücher liegen aufgeschlagen auf den Tischen, über den Betten liegen warme Decken für die Nacht. Das ganze Inventar sind Originalstücke, deshalb kann das Haus auch nur im Rahmen einer Führung besichtigt werden. Auf diese Weise erfährt man nicht nur, wie die Schriftstellerin ihre Tage verbrachte, sondern man entdeckt zugleich eine neue George Sand. Eine, die nur wenig gemein hat mit ihrem eigenen Klischee als Männerhosen tragender, Zigarre rauchender, bisexueller Emanze. Eine sensible Literatin, die schwer vom Schicksal gebeutelt wurde. Eine hart arbeitende und umsorgende Mutter wie Großmutter, eine sozial engagierte Gesellschafterin, eine großzügige Freundin und Gastgeberin.

»Wer damals die drei Tage und Nächte dauernde Reise von Paris bis zu ihr nach Nohant auf sich nahm, wurde von der Hausbesitzerin wie ein Fürst empfangen«, erzählt Emmanuelle, die uns herumführt. Der Maler Eugène Delacroix bekam sein eigenes Atelier, Komponist Franz Liszt durfte seine Geliebte Gräfin Marie d'Agoult mitbringen, Schriftsteller Gustave Flaubert den Ehrenplatz am Esstisch einnehmen, und ihrer großen Liebe Frédéric Chopin trat George Sand gar das schönste Zimmer im ganzen Haus ab. Der Komponist residierte im obersten Stockwerk ganz in der Mitte in einem großzügigen Salon mit Blick auf den Garten. Damit er ungestört arbeiten konnte, ließ die Hausherrin für ihn sogar die Türen isolieren. Doch Chopin dankte es ihr nicht: Angeblich turtelte er mit Sands Tochter Solange herum, worauf die Mutter ihren Geliebten 1847 aus dem Haus warf.

Marionettentheater in der Domaine George Sand: Mit den Puppen führte George Sand ihre Stücke vor den Bauern des Dorfes auf – als Generalprobe

»Enttäuscht und verletzt flüchtete sich George Sand nach dieser Trennung noch mehr als sonst in ihre Arbeit«, erklärt Emmanuelle und zeigt uns das bescheidene Schlafgemach, in dem sich Sand in einem Wandschrank ein kleines Büro einrichten ließ. Bis früh um fünf saß die Vielschreiberin am Schreibtisch. Um neun Uhr war sie wieder auf den Beinen, kümmerte sich um die Leute aus dem Dorf, die sie »La bonne dame de Nohant«, die gute Frau von Nohant, nannten, und managte nebenbei auch noch den Haushalt. Zusammen mit ihrem über alles geliebten Sohn Maurice installierte sie in einem Seitentrakt des Hauses ein Marionettentheater, in dem sie ihre eigenen Stücke einer Art Generalprobe unterzog: Bevor sie ein neues Werk veröffentlichte, spielte sie es mit den Puppen den Bauern aus der Umgebung und ihren Angestellten vor. Über 150 Marionetten sind noch erhalten. Die meisten haben über dem Museumsshop ein neues Zuhause gefunden, wo sie im Halbdunkel des Dachbodens bei so manchem Besucher eine Gänsehaut hervorrufen.

Ihrer großen Liebe Frédéric Chopin überließ sie das schönste Zimmer im Haus

George Sand starb 1876 im Alter von 72 Jahren. Sie ist in ihrem eigenen Park begraben. Ihre letzten Tage verbrachte sie im obersten Stockwerk des Hauses mit Blick auf den kleinen französischen Garten mit den beiden Zedern, die sie zur Geburt ihrer Kinder Solange und Maurice gepflanzt hatte. Die Zedern stehen noch heute da. Von Chopins Zimmer aus sind sie zu sehen.

MARGUERITE DURAS SUCHTE »EINE STADT IN DER GRÖSSE DER LIEBE«

Nach einer romantisch-schönen Strecke durch die Region Berry sind wir wieder im Burgund. Die Anfahrt auf unsere letzte Station ist filmreif. Kurz vor der Stadt überqueren wir die Loire, mächtig thront Nevers auf einem Hügel. Die Stadt, die im Mittelalter Bischofssitz war, leuchtet in der Sonne. Dass dieser Ort einst der Schauplatz für ein dunkles Schwarz-Weiß-Drama war, mag uns nicht gleich einleuchten.

Ende der 50er-Jahre beauftragte der Regisseur Alain Resnais die damals gerade durch ihren autobiografisch geprägten Roman »Heiße Küste« bekannt gewordene Schriftstellerin Marguerite Duras damit, ein Drehbuch für einen Nachkriegsfilm zu schreiben. Ihr Werk »Hiroshima, mon amour« ließ Duras teilweise in Nevers spielen, obwohl sie weder einen Bezug dazu noch zuvor je einen Fuß in die Stadt gesetzt hatte.

Warum also machte sie Nevers an der Loire zu einem der beiden Handlungsorte? Isabelle Perasso-Biard vom Fremdenverkehrsamt hat ihre Vermutungen: »Die Szenen in Nevers spielen im Zweiten Weltkrieg während der deutschen Besatzungszeit. Nevers spielte damals tatsächlich eine wichtige Rolle nahe an der Demarkationslinie. Aber meiner Meinung nach wählte Marguerite Duras die Stadt vor allem wegen ihres Namens. Sie machte ein Wortspiel: Nevers wie das englische Wort ›never‹, niemals. Im Buch kommen Sätze vor wie: ›Nie wieder Hiroshima.‹ Und als die Protagonistin von Nevers nach Paris flüchtet, sagt sie: ›Nie wieder werde ich zurückkehren.‹«

HINKOMMEN

Von Nohant zurück auf die D69 und rund 10 km bis Thevet-Saint-Julien, weiter auf der sehr romantischen Strecke auf der D951 rund 30 km bis Ainay-le-Vieil. Links abbiegen auf die D1 Richtung Charenton-du-Cher. Vor dem Ortskern links auf »Toutes Directions«, dann rechts auf die D951 Richtung Sancoins. Dort auf der N76 bis Saint-Pierre-le-Moûtier. Weiter auf der N7, die in die A77 übergeht. Ausfahrt 37 Richtung Nevers-Centre. Gesamtstrecke: ca. 130 km

Mit »Hiroshima, mon amour« ging Nevers in die Literatur- und in die Filmgeschichte ein: Der Film über die unglückliche Liebe zwischen einem Japaner und einer Französin, die über den Tod ihres Geliebten, eines deutschen Soldaten, nicht hinwegkommt, wurde zum Meisterwerk der Nouvelle Vague und brachte Marguerite Duras eine Oscar-Nominierung für das Drehbuch ein. Gedreht wurde im Dezember 1958. »Die Winteratmosphäre passte perfekt zum dunkeln Ambiente des Films«, erklärt Isabelle. Doch während die Drehplätze gut nachvollziehbar sind, sind die von Duras beschriebenen Standorte nicht immer eindeutig auszumachen. »Und das ist Absicht«, mutmaßt die Stadtführerin. »Marguerite Duras kam nur zweimal während des Drehs nach Nevers, aber sie war gut über die Stadt informiert. Wahrscheinlich wollte sie bewusst die Stadt als etwas Abstraktes darstellen.«

Konsequent unangepasst: »Es geht nicht darum, etwas zu erreichen, es geht darum, aus dem Bestehenden auszubrechen«, sagte Marguerite Duras

Ein Rundgang auf den Spuren des Films und des Drehbuchs funktioniert trotzdem: Start ist in der historischen Altstadt rund um die Kathedrale, deren imposanter Turm von über 50 Metern Höhe die Stadt überragt. An der Kirche Saint Cyr-Sainte Juliette wurde jahrhundertelang gebaut. Vor allem Romanik und Gotik haben ihre Spuren hinterlassen. Die bunten Glasfenster sind modern. Sie wurden anstelle der im Jahr 1944 zerstörten Fenster gesetzt und spalten noch heute die Gemüter der 43 000 Einwohner. Hier im Schatten der Kathedrale vermutet Isabelle die Apotheke, in der »SIE«, wie die Protagonistin des Films heißt, und der deutsche Soldat sich kennenlernen.

Ein weltberühmter Filmort: »Hiroshima, mon amour« wurde in Nevers gedreht

Erstaunlich, dass Duras – die mit wirklichem Namen eigentlich Marguerite Donnadieu hieß – sich diese »unerlaubte« Liebe zwischen einer Französin und einem Deutschen, einem Feind also, ausdachte. Schließlich war sie selbst während des Zweiten Weltkriegs in

der Résistance aktiv, ihr Mann – von der Gestapo verhaftet und ins Konzentrationslager gesteckt – überlebte nur knapp den Krieg. Doch die erklärte Kommunistin war schon immer für Überraschungen gut. Regeln zu befolgen, war der 1914 in Vietnam geborenen und konsequent unangepassten Duras ein Greuel. Sie verlangte (vor allem für sich selbst) kompromisslos Freiheit: »Es geht nicht darum, etwas zu erreichen, es geht darum, aus dem Bestehenden auszubrechen.«

Ihre Protagonisten taten es. Im Drehbuch treffen sie sich heimlich an der Stadtmauer, zu der man durch die mittelalterliche Altstadt und ihre engen, gepflasterten Wohngässchen gelangt. Die sogenannte Promenade des Remparts ist eine lauschige Gegend. Ein kleiner Park verläuft entlang der frisch sandgestrahlten Mauer aus dem 12. Jahrhundert, Blumenbeete begrenzen die Gehwege. Nur wenige Schritte weiter gelangen wir an das Ufer der Loire, zum Quai des Mariniers. Ein tragischer Platz in Duras' Buch: Hier stirbt der Deutsche, erschossen aus dem Hinterhalt.

Über den Quai de Mantou führen uns Treppen am Square des Princes zurück in die Innenstadt bis zur Place de la Republique. Noch ein letztes Mal genießen wir von hier den Blick über die im Sonnenlicht glitzernde Loire. Der rechteckige Platz ist streng symmetrisch angelegt. In der Mitte Rasen, außen herum eine Allee, die Straße begrenzt von Häusern, am Ende das Palais Ducal. Der herzogliche Palast aus dem Jahr 1460 mit der von der Gotik inspirierten Fassade war einst die Residenz der Grafen und Herzöge.

»Hier stimmt im Drehbuch ausnahmsweise mal alles mit der Realität überein«, verkündet Isabelle und zeigt auf die hochgelegenen Kellerfenster der Häuser. »In einem dieser Souterrains ist SIE eingesperrt, nachdem man ihr die Haare geschoren hat, als die verbotene Liebe zu dem Besatzer aufflog.« Marguerite Duras hat den Ort nicht zufällig gewählt: Die links vom

Schmale Treppengänge führen von der Loire in die Innenstadt von Nevers. Diese heißt »Escalier rue Cassecou«, zu deutsch: Halsbrechertreppe

Ein Schauplatz des Films »Hiroshima, mon amour«: Hier war die junge Französin wegen ihrer Liebe zu einem deutschen Soldaten im Keller eingesperrt

Die Kirche St-Etienne wurde im 11. Jahrhundert von den Mönchen von Cluny erbaut. *Rechts:* Flussufer und die Brücke Pont de Loire

Platz abgehende Straße hieß früher Rue des Rétifs, Straße der Gefangenen. Heute ist sie in Rue Marguerite Duras umgetauft.

Zur Kirche St-Etienne, dem letzten Drehort, geht es über die Rue de l'Oratoire und die Place Mancini. Ein schöner Weg: vorbei an Fachwerkbauten und prächtigen Bürgerhäusern bis zur belebten Fußgängerzone Rue François Mitterrand, deren zweifarbiges Straßenpflaster die ursprüngliche mittelalterliche Bebauung markiert. Die Kirche, erbaut von den Mönchen von Cluny, stammt aus dem 11. Jahrhundert. »Im Drehbuch spricht Duras davon, dass SIE in ihrem Verließ am Platz der Republik immer um sechs Uhr die Glocken der Kirche läuten hörte«, sagt Isabelle. »Das ist nicht möglich, denn die Kirche liegt zu weit weg.« Aber diese Ungenauigkeit ist nicht weiter bedeutend, denn Marguerite Duras ging es, wie sie selbst sagte, um etwas ganz anderes: »Ich brauchte eine Stadt in der Größe der Liebe. Ich habe sie in Nevers gefunden.«

ADRESSEN

DIE WELT GROSSER LITERATINNEN

• **Musée Colette**

Das Geburtshaus der Schriftstellerin unten in der Stadt ist nicht zu besichtigen. Das ihr gewidmete Museum spiegelt jedoch eindrucksvoll ihr Leben wider.

Place du Château
89520 Saint-Sauveur-en-Puisaye
Tel. 0033/3/86456195
Fax 0033/3/86455584
Öffnungszeiten: April bis Oktober tgl. außer Di. 10 bis 18 Uhr, November bis März an Wochenenden und Feiertagen 14 bis 18 Uhr

Romantischer Rundgang in mittelalterlicher Kulisse: gepflasterte Gassen und die Stadtmauer von Nevers

• Domaine George Sand

Das Haus ihrer Großmutter, in dem George Sand die meiste Zeit ihres Lebens verbrachte, Freunde und Liebhaber empfing und in dessen Garten sie auch begraben ist. Besichtigung nur im Rahmen einer Führung.

36400 Nohant-Vic
Tel. 0033/2/54310604
Fax 0033/2/54311848
www.monum.fr
Öffnungszeiten: mittags 12.30 bis 14 Uhr geschlossen; Mai bis Juni tgl. 9.30 bis 18 Uhr, April und September 10 bis 17.30 Uhr, Oktober bis März 10 bis 17 Uhr

• Nevers auf den Spuren von Marguerite Duras

Im Fremdenverkehrsamt gibt es Stadtpläne, um die Tour auf den Spuren der Handlungsorte des Drehbuchs und Romans »Hiroshima, mon amour« nachlaufen zu können.

Office de tourisme de Nevers et sa région
Palais Ducal
58008 Nevers
Tel. 0033/3/86684600
Fax 0033/3/86684598
www.nevers-tourisme.com

✶ EXTRATIPP

La Route Historique George Sand

Die Route auf den Spuren der Schriftstellerin ist teilweise an den Straßen mit braunen Hinweisschildern markiert und kann im Internet heruntergeladen werden. Außer der Domaine George Sand sind es sechs historische Stätten: das Schloss Saint-Chartier, wo Verwandte Sands wohnten und das als Vorbild für ihren Roman »Les Maîtres Sonneurs« diente; die Gemeinde Montipouret mit ihrer alten, noch immer funktionierenden Mühle; die Festung Sarzay aus dem

14. Jahrhundert; die Stadt La Châtre mit ihrem Schloss und einem Museum über George Sand; das Dorf Sainte-Sévère, hoch über dem Indre-Tal, mit seinem Schloss aus dem 18. Jahrhundert und dem Marktplatz, der einst Schauplatz des Jacques-Tati-Films »Jour de Fête« (»Schützenfest«) war; und das Dorf Gargilesse, das die Auszeichnung »Eines der schönsten Dörfer Frankreichs« trägt und in dem sich George Sand oft zur Erholung und zum Schreiben aufhielt.

Comité Départemental de Tourisme de l'Indre
1, rue Saint-Martin
B.P. 141
36003 Châteauroux
Tel. 0033/2/54073636
www.berrylindre.com (auf »Kultur« klicken, dann auf »La Route Historique« zum Herunterladen der Karte)

ÜBERNACHTEN

• Hotel Blanche de Castille

In der Gegend rund um das Musée Colette sind Hotels dünn gesät. Dieses kleine Landhaushotel, 23 Kilometer nordwestlich von Saint-Sauveur-en-Puisaye, das in einer alten Postkutschen-Station untergebracht ist, bietet zwölf einfache, aber ordentliche Zimmer und eine nette Innenhofterrasse. **€**

17, rue d'Orléans
89220 Bléneau
Tel. 0033/3/86749263
Fax 0033/3/86749443
http://daniel.gaspard.free.fr/gaspard.htm

Annick Jacquet kam aus Paris aufs Land, züchtete Ziegen und vermietet heute Zimmer auf ihrem Hof aus dem 17. Jahrhundert

• Chambres d'Hôtes de la Folie

Der Liebe wegen zog Annick Jacquet von Paris aufs Land, nach Ardenais, rund 40 Kilometer nordöstlich von Nohant, wo sie mit ihrem Mann jahrelang eine Ziegenzucht unter-

Familiär und liebevoll: das Chambres d'Hôtes de la Folie von Annick Jacquet

hielt. Als ihr Gatte starb und die Kinder aus dem Haus waren, gab sie die Ziegen auf und begann, Gästezimmer zu vermieten. Mit einem Zimmer, einem Appartement und einem kleinen, externen Gästehaus, alle sehr liebevoll eingerichtet, ist nun wieder Leben in den Hof aus dem 17. Jahrhundert gekommen. Zum Frühstück treffen sich alle Gäste in Annicks rustikaler Familienküche, plaudern und genießen die selbst gemachten, leckeren Marmeladen. Man könnte zwar ewig in dieser Küche sitzen bleiben, doch draußen locken frische Landluft, weite Wiesen und vor allem der Gartenstuhl inmitten königlicher Ruhe. Annicks »Haus der Verrücktheit« hat gar nichts Verrücktes an sich, sondern ist der perfekte Ort zum Entspannen und Lesen – am besten eines der Werke von George Sand. **€**

La Folie
18170 Ardenais
Tel. 0033/2/48961759
http://perso.orange.fr/cher.berry.la.folie/

• Château de la Commanderie

In der rund 60 Kilometer nordöstlich von Nohant gelegenen ehemaligen Residenz der Tempelritter (aus dem 11. Jahrhundert mit Anbauten aus dem 19. Jahrhundert) ist vor 20 Jahren ein Hotel eingezogen. Man schläft in mit bunten Textilien bespannten Himmelbetten, die meisten der acht Zimmer sind riesig und haben einen offenen Kamin. Die Gartenanlage ist eines echten Schlosses würdig. **€€€**

Farges-Allichamps
18200 Saint-Amand-Montrond
Tel. 0033/2/48610419
Fax 0033/2/48610184
www.chateaudelacommanderie.com

• Domaine und Gîte de Trangy

Chantal et Guy de Valmont haben im Loire-Tal, sechs Kilometer von Nevers entfernt, gleich zwei Übernachtungsmöglichkeiten im Angebot. Entweder wohnt man in einem ihrer vier Gästezimmer im Herrenhaus aus dem 18. Jahrhundert, umgeben von einem vier Hektar großen Park. Oder man mietet sich, wenn man in einer größeren Gruppe unterwegs ist, das mitten im Park gelegene, sehr hübsch hergerichtete Landhäuschen mit Platz für bis zu zwölf Leute. **€**

8, route de Trangy
58000 Saint Eloi
Tel. 0033/3/86371127
Fax 0033/3/86371875
http://gitetrangy.free.fr/

ESSEN & TRINKEN

• Auberge La Demoiselle

Die Demoiselle heißt eigentlich Mademoiselle de Montpensier, ihr Porträt ziert den Kaminsims im Esssaal dieses kleinen Landrestaurants in St. Fargeau, elf Kilometer von Saint-Sauveur-en-Puisaye entfernt. Das Interieur ist bunt und lustig mit roten Fliesen am Boden, gelben Wänden und durchscheinenden Fachwerkgiebeln. Die Küche bietet das Beste aus der Region, die Gäste sind vor allem Einheimische.

2-4, Place de la République
89170 Saint-Fargeau
Tel. 0033/3/86741058
Öffnungszeiten: von Juli bis August tgl. außer Mi. abends, So. abends und Mo
www.auberge-lademoiselle.com

• Auberge de l'Abbaye de Noirlac

Das Restaurant von Colette und Pascal Verdier könnte man schnell als Touristenlokal abtun, so nah liegt es an einer der wichtigsten Sehenswürdigkeiten der Region Berry, dem berühmten Zisterzienser-Kloster Noirlac (s. Extratipp Seite 60). Doch damit würde man dem Ehepaar schwer Unrecht

Sieht aus wie eine bescheidene Gaststätte: Aber in der Auberge de l'Abbaye de Noirlac gleich bei der berühmten Abtei wird vorzüglich gekocht

tun. Denn in dieser auf den ersten Blick bescheidenen Gaststätte werden erstklassige Köstlichkeiten gezaubert. Die Spezialitäten sind Tauben und Steinpilz-Ravioli, ebenso zu empfehlen sind die Lammmedaillons auf Berry-Bohnen oder der Seebarsch auf Nusswein. Und alle Gerichte sehen auf den Tellern wie kleine Kunstwerke aus.

Bruère-Allichamps
18200 Saint-Amand-Montrond
Tel. 0033/2/48962258
Fax 0033/2/48968663
http://aubergeabbayenoirlac.free.fr

✶ EXTRATIPPS

L'Abbaye de Noirlac

Um die Abtei von Noirlac ist das Land weit. Grüne Wiesen umgeben das mächtige Ensemble, das als eines der besterhaltenen Zeugnisse des Zisterzienserordens in Frankreich gilt. Gebaut wurde die Abtei um 1150, als sich die Mönche von Clairvaux im Tal von Cher niederließen, ihre Blütezeit erlebte sie um 1290.
Aus dieser Zeit stammt auch der mystische Name Noirlac, also Schwarzsee, der wahrscheinlich auf unterirdische Quellen unter dem Gebäude zurückgeht.
Den Niedergang der einst mächtigen Abtei leiteten Ende des 15. Jahrhunderts zwei Ereignisse ein, die Stoff für einen Krimi bieten könnten: Erst gab es einen abtrünnigen Mönch, dann auch noch einen geheimnisvollen Mord innerhalb der Klostermauern. Der Ruf war danach auf alle Fälle dahin. 1650 wurde das Gebäude bei Kämpfen stark beschädigt, und als in der Revolution die Aufständischen die Abtei stürmten, standen nur noch fünf einsame Mönche zu ihrer Verteidigung vor den Toren.
Um 1820 zog eine Porzellanfabrik ein, 1939 ein Altersheim. Um 1950 begann das Département

HINKOMMEN

Von Nohant auf D943, nach 5 km bei La Châtre links abbiegen auf D940, und weiter ca. 25 km bis Lignières. Dort rechts auf D925, ca. 15 km, dann nach links auf D92 Richtung Bruère-Allichamps.

Cher mit der Restaurierung. Wenn wir heute durch die Kapelle, das Refektorium, die Kirche oder die Schlafräume der Mönche wandeln, finden wir noch immer Spuren dieser bewegten Geschichte, aber wir begegnen auch einer Architektur, die in ihrer Reinheit ihresgleichen sucht: Der Kreuzgang ist ein Meisterstück eines Kreuzgewölbes, die vom französischen Maler Jean-Pierre Raynaud um 1970 geschaffenen Kirchenfenster geben einen modernen Akzent in dieser lichten, klar strukturierten Abtei.

18200 Bruère-Allichamps
Tel. 0033/2/48620101
Fax 0033/2/48620100
www.abbayedenoirlac.com
Öffnungszeiten: tgl. 9.45 bis 12.30 und 14 bis 18.30 Uhr, Oktober bis März nur bis 17 Uhr, Juli und August durchgehend, im Januar geschlossen

Schöner Rastplatz unterwegs: eine Gruppe von Menhiren, mitten auf der grünen Wiese bei Epoigny

Les Menhirs d'Epoigny

Auf dem Weg von Nevers nach Poligny (s. nächste Etappe) gibt es nicht nur schöne Landschaft zu entdecken, sondern auch Mysteriöses: Kurz vor dem Ort Couches biegt man rechts von der D978 auf die D225 nach Montorge ab und entdeckt ein Feld von Menhiren. Diese freistehenden, oft phallisch geformten Monolithen (die Hinkelsteine von Obelix) stammen aus der Jungsteinzeit und kennzeichneten Gräber oder Kultstätten. Die Steine sind frei zugänglich, ein hübscher Platz nicht nur für Kinder. In Couches liegt übrigens auch eines der Burgund-Schlösser, die besichtigt werden können (siehe Seite 89).

Sind sie reif? Hervé Poulet, Käsemacher aus Leidenschaft, im Keller mit seinen Morbier-Laiben. *Rechts:* Das schönste Tal im Jura bei Baume-les-Messieurs

Franche-Comté

Ein Käse, den die ganze Welt liebt

Hohe Kalkfelsen, tiefe Täler, malerische Dörfer und ziemlich verwöhnte Kühe: ein Streifzug durch den Jura, die Region, in der der berühmte Comté-Käse entsteht

HINKOMMEN

Von Nevers auf die D978, vorbei an Châtillon-en-Bazois mit seinen Wasserbassin-Gärten und Autun bis ins 150 km entfernte Chalon-sur-Saône. Dort auf die N73 (Richtung Dole), nach rund 4 km rechts in die N78 abbiegen Richtung Louhans/Lons-le-Saunier. In Thurey links auf die D24 bis St-Germain-du-Bois, weiter ca. 17 km auf die D970 bis Bletterans. Dort abbiegen nach Poligny/Domblans. Um auf die N83 Richtung Poligny zu kommen, muss man erst unter der Nationalstraße durchfahren und in St-Germain-les-Arlay die Zufahrt zur N83 nehmen. Gesamtstrecke: ca. 230 km

Den Käse der Region kennt die halbe Welt, die Franche-Comté selbst aber kaum jemand. Gelegen nahe der Schweizer Grenze, zwischen Vogesen und Jura, ist sie eine der landschaftlich reizvollsten Gegenden Frankreichs: mit tiefen Wäldern, faszinierenden Hochplateaus, unzähligen Seen, Teichen und Mooren, mit kraftvollen Wasserfällen und geheimnisvollen Grotten.

Über die Hälfte der Franche-Comté ist von Wald bedeckt, der Rest sind Weinberge, pittoreske Dörfchen mit bunten, viereckigen Kirchtürmen und Kuhwiesen. Angeblich 700 000 Kühe gibt es in der Region. Die Stars sind die Montbéliard. Diese rot-weiß gefleckten Kühe und nur diese(!) geben die Milch für den berühmten Comté-Käse.

ALLES KÄSE IM MUSEUM: WERTVOLLE LEKTIONEN IM MAISON DU COMTÉ

Zuerst waren wir ein wenig enttäuscht, als wir vor dem Haus des Comté-Käses standen. Erwartet hatten wir etwas Rustikales. So eine Art Alm. Das Maison du Comté ist ein eher schmuckloser 80er-Jahre-Bau, dennoch wäre es ein Fehler, nicht einzutreten: Hier lernt man alles, was man über die Comté-Käse wissen sollte. Der kleine Rundgang richtet sich vor allem an Kinder, aber er ist so nett und informativ, dass auch Erwachsene auf ihre Kosten kommen.

Wir erfahren, dass ein Comté nur in der Provinz Doubs hergestellt werden darf, und jede rot-weiße Montbéliard-Kuh mindestens einen Hektar Weideland mit mindestens 180 verschiedenen Gräser- und Blumensorten für sich haben muss. Ist diese überaus glückliche Kuh gemolken worden, geht der Stress los: Die Milch muss noch in warmem Zustand zu den Molkereien gebracht und dort sofort verarbeitet werden.

Einen Hektar Platz und 180 Gräser- und Blumensorten braucht eine Montbéliard-Kuh. Nur dann darf ihre Milch zu Comté verarbeitet werden

In verschiedenen Milchkannen dürfen wir die unterschiedlichen Temperaturen der Milch erfühlen, an einer Tafel die Aromen schnuppern und an einer nachempfundenen Lagerwand die Käselaibe (40 Kilo wiegt einer!) heben. Dann hält uns Hélène Mouchard, die junge Museumschefin, an einer Holztheke unterschiedlich reife Käsestücke unter die Nase und fragt: »Nach was riechen die?« Schokolade, Pilze, rote Früchte? Manches stimmt, manches nicht. Hélène nickt, wir haben die Prüfung bestanden und dürfen die appetitlichen Häppchen essen. Endlich!

ZU BESUCH BEI HERVÉ POULET: EINE KÄSEREI MIT PANORAMABLICK

Alles, was wir bei unserem Museumsbesuch in der Theorie gelernt haben, wollen wir nun live miterleben. Wir rufen den Käser Hervé Poulet in Granges-sur-Baume an. »Klar, kommen Sie einfach morgen zu mir, um Punkt acht Uhr.« Wir sind pünktlich, doch von Monsieur Poulet fehlt jede Spur. Die Türen der kleinen

HINKOMMEN

Von Poligny auf die D68 rund 4 km bis Plasne und auf der D96 ca. 8 km bis La Marre. Dort auf der D4 ca. 5 km Richtung Crançot bis zur Abfahrt rechts auf die D210 nach Granges-sur-Baume.

Produktionshalle stehen sperrangelweit offen, drinnen riecht es nach frischer warmer Milch.

Die Käserei von Hervé Poulet und seinen drei Söhnen Hubert, Fabien und Nicolas könnte schöner kaum liegen: direkt am Steilhang eines Jura-Hochplateaus, am äußersten Rand des Felsens. Vor ihr liegt der Himmel, unter ihr das Tal und das Dorf Baume-les-Messieurs. Doch für Panoramablicke hat der Maître keine Zeit, als er gehetzt um die Ecke biegt. Sein Arbeitstag beginnt jeden Morgen um fünf Uhr mit einer Tour durch die nahe gelegenen Bauernhöfe. Dort holt der 56-Jährige die frische Milch, die er zusammen mit der vom Abend zuvor zu Morbier verarbeiten wird. Diese Käsesorte, so sagt man, ist der kleine Bruder des Comté. Sie entstand um 1875 aus der Not, weil man früher im Winter wegen der verschneiten Wege nicht genügend frische Milch an die Käsereien liefern konnte, um die großen 40-Kilo-Formen des Comté zu füllen. Man suchte nach einer kleineren Acht-Kilo-Lösung und erfand den Morbier.

Höchste Konzentration, jeder Handgriff sitzt: Der Morbier-Käse wird in der Mitte aufgeschnitten und mit Kohle bestreut

Auf diese Käsesorte haben sich Hervé und seine drei gut aussehenden Söhne spezialisiert. Mit Erfolg. »In den vier Jahren, seitdem der Käse prämiert wird, habe ich jedes Mal die Goldmedaille gewonnen«, erzählt Monsieur Poulet und lächelt.

Er und Nicolas, der jüngste Sohn und einzige Käsemeister unter den dreien, sind ganz in Weiß gekleidet. Auf dem Kopf ein kleines Hütchen, an den Füßen grobe, weiße Gummistiefel. Während der über zwei Stunden dauernden Produktion fällt kaum ein Wort. Jeder Handgriff ist auf die Sekunde getimed, ständig haben die beiden Käser ein Auge auf die Uhr wie auf die Milch.

»In dem Kupfer-Holz-Bottich erhitzen wir die Milch auf 32 Grad«, sagt Hervé knapp, während er Wannen bereitstellt. Ist die Milch heiß genug, kommen die Milchsäurebakterien dazu. Nach exakt einer halben Stunde und vorsichtigem Umrühren kommt zusätzlich noch der Lab zur Verdickung hinzu, und wieder eine halbe Stunde später (auf die Minute genau) fängt die Milch an zu gerinnen und schimmert leicht gelblich. Wenig später sieht die Milch plötzlich aus wie Hüttenkäse, und wieder wenig später ist alles eine Masse.

Das ist der Punkt, an dem Nicolas einschreitet: Er schneidet den Bruch erst mit der Maschine, dann per Hand in kirschengroße Stücke und erhitzt das Ganze gleichzeitig auf 38 Grad. »Mit einer Pumpe wird nun die Molke abgeschöpft und durch Salzwasser ersetzt, um dem Käse Feuchtigkeit zurückzugeben«, erklärt Hervé, während er mit dem Wasserschlauch den Boden säubert. Der Bruch wird in ein Fass umgefüllt und später in Stücke geschnitten.

Käsekunst in Granges-sur-Baume: Bei Hervé Poulet kann man direkt beim Erzeuger einkaufen

Doch noch ist der Morbier nicht fertig. Ihm fehlt sein charakteristisches Kennzeichen: der Aschestreifen in der Mitte. Dazu schneiden Vater und Sohn die Stücke in der Mitte auseinander, bestreuen die eine Seite mit vegetarischer Kohle (aus dem gleichen Mix bestehen Kohletabletten) und legen ein zweites Stück obendrauf. Das geht rasend schnell. Dann kommt der Käse in die weiße Plastikform und wird gepresst, drei Stunden lang. Ist er fertig, kommt er in den Reifekeller unter der Käserei. Dort stapeln sich die gelben Laibe bis zur Decke des Gewölbes. Jeder wird 60 Tage lang gehegt und gepflegt. »Dreimal pro Woche müssen die Laibe gewaschen und mit Salzwasser frottiert werden«, sagt der Meister. Jeden Tag kom-

60 Tage muss der Käse reifen, wird sorgsam gewaschen und mit Salzwasser gebürstet

Comté und Bleu, Tomme und Mont d'Or, Reblochon und Cancoillotte: Die Käserei Pianet führt 50 Sorten aus ganz Frankreich

men 40 neue Laibe dazu. Man kann sich vorstellen, dass die Poulets auch am Nachmittag, nach der eigentlichen Produktion, alle Hände voll zu tun haben.

Doch den Stress sieht man Hervé nicht an: »Schon mein Großvater war Käser, und ich mache das nun auch schon 25 Jahre lang. Ich esse selbst gern Käse. Wurst mag ich nicht so gern.« Und für was außer Käse interessiert er sich sonst noch? Hervé rückt verlegen die Brille auf seiner großen Nase zurecht und sagt: »Rugby!«

ES KANN NUR EINEN GEBEN: DER KÄSESPEZIALIST PIANET

Natürlich haben wir uns von Hervé zum Abschied ein großes Stück Morbier einpacken lassen, aber uns fehlt noch ein echter Comté. Den kauft man am besten bei Jean-Claude Pianet in Lons-le-Saunier. Sein kleiner Laden in der Provinzhauptstadt des Jura ist DIE Top-Adresse für erlesene Molkerei-Spezialitäten. Bis an die Decke stapeln sich die Waren, hinter der Vitrine steht der Besitzer mit Moustache, grüner Schürze und Kennerblick. 50 französische Käsesorten hat er im Angebot – Comté und Morbier, Bleu und Tomme aus dem hohen Jura, den berühmten Winterkäse Mont d'Or, den perfekt zu heißen Kartoffeln passenden Schmelzkäse Cancoillotte, außerdem Raclette, Reblochon … Ausländischer Käse ist nicht so sein Fall, auch wenn Pianet durchaus anerkennt, dass man auch jenseits der Grenzen guten Käse macht.

Allein vier verschiedene Comtés kann man hier kaufen: frischen, ein Jahr alten, mit 15 und mit 18 Monaten Reife. »Der hat einen vollen Geschmack mit einem leichten Hauch von Salz, der kommt von der Kruste. Es ist ein Geschmack, der lange im Mund bleibt und perfekt zu Vin Jaune, dem herben Weißwein aus der

HINKOMMEN

Von Granges-sur-Baume entlang des Jura-Plateaus auf der D210, nach 0,5 km links auf die D70 und nach weiteren 2 km rechts auf die D4 bis Crançot. Im Ort rechts auf die D471 Richtung Lons-le-Saunier. Beim Kreisel im 7 km entfernten Perigny zweite Ausfahrt nehmen auf die N78 bis Lons-le-Saunier

SIROP
SAPIN
REBLOCHON DE SAVOIE
Gorgonzola

Jean-Claude Pianet vor seinem Laden, der Top-Adresse für feine Molkerei-Spezialitäten mit einer Auswahl von 50 Käsesorten

Gegend, passt.« Wichtig sei, so philosophiert Pianet, nicht die Produktion, sondern die Lagerung. Die »Ambiance« müsse stimmen, die Temperatur immer gleich sein. Das gelte auch, wenn man ein Stück mit nach Hause nimmt. Deshalb hat der Käseliebhaber ein spezielles Papier erfunden, das den Comté schützt. »Drei Schichten Metall sind in dem Papier enthalten. Damit hält sich das Käsestück perfekt einen Monat.«

ADRESSEN

KÄSE KAUFEN UND GENIESSEN

• La Maison du Comté

Käse-Museum mit pädagogisch ausgeklügeltem Rundgang, der nicht nur Kindern Spaß macht.

Avenue de la Résistance
39801 Poligny
Tel. 0033/3/84377840
Fax 0033/3/84370785
www.comte.com
Öffnungszeiten: April bis Oktober Di. bis So. 14 bis 17, Juli/August Di. bis So. 10 bis 12 und 14 bis 18 Uhr, November bis März an Wochenenden und Feiertagen 14 bis 18 Uhr

• Hervé Poulet et Fils

Hoch prämierter Produzent von Morbier-Käse. Allein die Aussicht von der Käserei ist einen Besuch wert.

39210 Granges-sur-Baume
Tel. 0033/3/84482832
Fax 0033/3/84482992
Öffnungszeiten des Käseverkaufs vom Erzeuger: Mo. bis Sa. 9 bis 12 und 15 bis 19 Uhr, Di. bis Do. nachmittags geschl., Besichtigung nach Vereinbarung

• La Fromagerie Pianet

Die Top-Adresse für Käsespezialitäten aus dem Jura und dem Rest von Frankreich. Jean-Claude Pianet weiß alles über Käse – und wie man ihn am besten genießt.

7, rue Saint Désiré
39000 Lons-le-Saunier
Tel. 0033/3/84240498
Öffnungszeiten: Di. bis Sa. 7.30 bis 12.30 Uhr und 14.30 bis 19.15 Uhr, So. 8 bis 12 Uhr

ÜBERNACHTEN

• Château St. Martin

Es war eine Zugbekanntschaft: Auf der Fahrt von der Schweiz in den Süden Frankreichs verliebte sich aus dem Zugabteil heraus Michael Keller in ein lang gestrecktes Haus mitten im Jura, rund 17 Kilometer südlich von Poligny. »Das Dach hatte die Form eines Tierrückens«, erzählt der gelernte Goldschmied, der damals noch als Bildhauer tätig war. Zusammen mit seiner Frau Brigitte kaufte Keller das Schloss aus dem 14. Jahrhundert. Und musste beim Umbau feststellen: Es ist zu groß für zwei Leute. Also gibt es jetzt drei Gästezimmer, die vermietet werden. Die Zimmer sind so groß wie kleine Großstadtwohnungen und haben alle speziell angefertigte Kirschholzbetten. Die Möbel sind echte Antiquitäten, an den Wänden hängen echte Kunstwerke, denn die Kellers sammeln Kunst. Und Wein: Monsieur Keller ist trotz seiner Schweizer Herkunft sogar in den regionalen Weinbauverband aufgenommen worden und weiht voller Freude seine Gästen in die Genüsse der Franche-Comté-Weine (und seines sehr sehenswerten Weinkellers) ein. Auf einem Fass steht dort geschrieben: »Es ist nichts Schlechtes dabei, sich etwas Gutes zu tun.« **€€**

39210 Voiteur
Tel./Fax 0033/3/84449187
www.juranatura.com

Der Schweizer Michael Keller sammelt Kunst und Wein. Und hat ein altes Schloss in ein zauberhaftes Gästehaus verwandelt

• Hostellerie des Monts de Vaux

Die ehemalige Postkutschenstation aus dem 18. Jahrhundert empfängt seit zwei Jahrhunderten Gäste. Das lang gestreckte Gebäude, das von einem Park umgeben ist, liegt auf 600 Metern Meereshöhe am Hang mit Blick auf die Jura-Täler. Das Interieur der zehn Zimmer ist im Biedermeier-Stil gehalten. Für die kalte Jahreszeit hält die Familie Carrion einen Macvin (Strohwein aus der Region) im Kaminzimmer bereit. Wer will, kann hier auch essen. **€€€**

Aux Monts de Vaux
39800 Poligny
Tel. 0033/3/84371250
Fax 0033/3/84370907
www.hostellerie.com

Wohnen im Schloss – das romantische Château St. Martin geht auf das 14. Jahrhundert zurück und wurde mehrfach erweitert

• Gothique Café

Madame Ghislaine Broulard unterhält vier Gästezimmer im alten Haus der Äbte mitten im historischen Klosterkomplex von Baume-les-Messieurs. Die Zimmer sind riesig und haben ein wenig Ritter-der-Tafelrunde-Ambiente. Schließlich wohnt man hier auch in einem Gemäuer aus dem 11. Jahrhundert. Frühstück gibt es im Kapitellsaal, einem lang gestreckten Raum unter gotischem Gewölbe. **€€**

L'Abbaye
39210 Baume-les-Messieurs
Tel. 0033/3/84446447
Fax 0033/3/84449025
http://chambresdhotesbaume.free.fr

ESSEN & TRINKEN

Noch eine Kleinigkeit als Dessert? Eine Kreation im Maison d'Eusébia, wo traditionelle Küche raffiniert interpretiert wird

• La Maison d'Eusébia

Oben auf dem Felsen eines Hochplateaus klebt das Restaurant in Château-Chalon, einem hübschen Ort (mit Auszeichnung als »schönstes Dorf Frankreichs«) zwischen Poligny und Granges-sur-Baume. Von der Sonnenterrasse

Edel und angenehm: Das Maison d'Eusébia hat 80 Plätze, die fast immer ausgebucht sind

hat man einen Traumblick über die Weinberge. Doch wer hier speist, kommt nicht wegen des Panoramas, sondern wegen Leberpastete auf Pfefferkuchen, Forelle auf Vin Jaune oder Hühnchen auf Morchelbett. Besitzer und Koch Laurent Peirano hat das alte Gemäuer vor drei Jahren zu einem edlen Restaurant mit modern dekorierten Sälen umgebaut. Bald gibt es auch vier Hotelzimmer. Tischreservierung empfohlen!
Rue Saint-Jean
39210 Château-Chalon
Tel. 0033/3/84449210
Fax 0033/3/84446658
www.eusebia.fr

• **Domaine de la Pinte**
Vor den Toren der Feinschmeckerstadt Arbois, mitten in den Jura-Weinbergen von Pupillin, liegt die Domaine de la Pinte. Deren Winzer Philippe Chatillon ist nicht nur wegens seines außergewöhnlichen Schnauzbartes, sondern vor allem wegen seiner Bioweine bekannt. Wenn Monsieur Chatillon Zeit hat, führt er seine Besucher in den Weinkeller und zeigt ihnen sein berühmtes Glasfass, wo man die Gärung des Vin Jaune nachvollziehen kann: Am oberen Rand des Fasses setzt sich während der langen Lagerung die Hefe ab und gibt so dem »gelben Wein« seine besondere Farbe.
Tipp: Ein gutes Mitbringsel von der Domaine ist neben dem Vin Jaune auch der süße Vin de Paille (Strohwein).
Route de Layon
39600 Arbois
Tel. 0033/3/84660647
Fax: 0033/3/84662458
www.lapinte.fr

• **La Balance**
Es ist nicht einfach, sich als junger Koch in einer Kleinstadt selbstständig zu machen, in der es ein Michelin-Restaurant gibt. Thierry Moyne war so mutig und eröffnete in Arbois das La Balance. Mit seinem Michelin-Konkurrenten im oberen

Ortsteil, Jean-Paul Jeunet, kann der 39-Jährige gut leben. Jeunet kocht Haute Cuisine, Moyne Hausmannskost. »Ich komme aus der Franche-Comté und habe in der Region gelernt.« Er bietet nur eine kleine Auswahl an Gerichten an. Doch Coq au Vin Jaune steht fast immer auf der Karte.

47, rue de Courcelles
39600 Arbois
Tel. 0033/3/84374500
Fax 0033/3/84661455
So. abends und Mo. geschlossen

Gute Adresse für vorzügliche Hausmannskost: das La Balance in der Delikatessen-Stadt Arbois

✶ EXTRATIPPS

Chocolat Hirsinger

Die Familie Hirsinger kennt jeder im Jura, weil jeder schon als Kind seine Nase an ihrem Schaufenster platt gedrückt hat. Seit über 100 Jahren und vier Generationen rührt der berühmte Chocolatier im Feinschmecker-Ort Arbois, 11 Kilometer von Poligny entfernt, im Kakao. Edouard Hirsinger, 43, Kreateur der letzten Generation (und erklärter Jogger gegen beruflich bedingte Kalorien), hat sich Pralinen ausgedacht, die nach Curry, nach grünem Pfeffer oder nach Keemun-Tee aus China schmecken. Die »ganaches«, wie die Pralinen heißen, sind hoch prämiert: 1999 wurde Edouard für seinen Ideenreichtum zum »Meilleur Ouvrier de France« ernannt, eine Art Heiligsprechung für seine Chocolatier-Kunst. Wer sich rechtzeitig ankündigt, dem zeigt Edouard – wenn er Zeit hat – im alten Kühlkeller sein kleines Schokoladenmuseum.

Place de la Liberté
39600 Arbois
Tel. 0033/3/84660697
Fax 0033/3/84660003
www.chocolat-hirsinger.com

Berühmter Chocolatier: Bei Hirsinger gibt es auch Pralinen mit Curry-Aroma

Die Grotten von Baume-les-Messieurs

Eine traumhafte Wanderung: von Baume-les-Messieurs auf das Hochplateau, treppab wieder ins Tal und in die verwunschenen Grotten

Der Ort Baume-les-Messieurs trägt die Auszeichnung als einer der schönsten Dörfer Frankreichs. Das Tal drumherum gilt als das schönste Jura-Tal überhaupt, und die im Juragestein versteckte Grotte als die imposanteste der Region. Es gibt also gleich mehrere Gründe, von hier aus eine Wanderung zu starten. Kurz nach Dorfende beginnt ein Rundwanderweg von ca. fünf Kilometern Länge, der hoch auf das Plateau führt, wo ein Panoramablick schöner ist als der nächste. Hufeisenförmig liegt das Tal vor einem, begrenzt von dichten grünen Wäldern. Beim Aussichtspunkt »Les Roches de Baume« (ideal für eine Rast, denn hier am Dorfende von Crançot befindet sich ein kleines Gasthaus) geht es wieder hinunter ins Tal. Erst auf Stufen, später auf einem steilen Pfad. Die Besichtigung der Grotte ist nur im Rahmen einer Führung möglich, was sinnvoll ist, denn von der sattgrünen Natur geht es hinein in eine nachtschwarze Höhle voller unheimlicher Gänge. Fünf große Säle entdeckt man auf der 40 Minuten dauernden Führung. Der letzte, wegen seiner Akustik auch Festsaal genannt, ist mit 80 Metern Höhe der spektakulärste. Im Winter ist die Grotte geschlossen, denn dann wohnen im Festsaal 20000 Fledermäuse. Auf dem Pfad geht es entlang des Bächleins Dard zurück ins Dorf.

Les Grottes de Baume-les-Messieurs
Tel. 0033/3/84482302
Öffnungszeiten: April bis September 10 bis 12 und 14 bis 17 Uhr, Juli/August durchgängig 10 bis 18 Uhr

HINKOMMEN

Von Grange-sur-Baumes einfach die Serpentinenstraße hinunterfahren und bei der Kirche in Baume-les-Messieurs parken

Was der Marquis d'Huxelles von seinen Reisen mitbrachte, hortete er in seinem Kabinett im Schloss Cormatin. *Rechts:* die strenge Symmetrie des Château de Drée

Cormatin • Berzé-le-Châtel • Drée

Marquis und Comtesse lassen bitten

Wo ein rothaariger Adliger die Königin bezirzte und
eine charmante Schlossherrin auf Gespenster wartet:
eine Tour im südlichen Burgund, zu Architektur
und Anekdoten der Aristokratie

Lichtspiele, Spiegelungen: das golden schimmernde Kabinett der Heiligen Cécile im Schloss von Cormatin

Bei den Stichwörtern »Schloss« und »Frankreich« denkt man sofort an die Schlösser der Loire – Amboise, Chambord, Chenonceau … Weit unbekannter, aber keineswegs weniger sehenswert sind die Châteaux im südlichen Burgund: 17 Schlösser gibt es auf der Route des Châteaux en Bourgogne du Sud. Drei wollen wir uns genauer ansehen: das Rokoko-Kleinod Château de Drée, die gut erhaltene Mittelalterburg Berzé-le-Châtel und das für seine Interieurs berühmte Schloss Cormatin.

CORMATIN: EIN GÜNSTLING DER KÖNIGIN UND SEIN PRACHTBAU

Die späte Nachmittagssonne wirft bereits ihr warmes Licht auf die riesige Schlossanlage von Cormatin, als wir das nördlich von Mâcon gelegene Provinzstädtchen erreichen. Die Blumenrabatten an den Gehwegen leuchten in tiefem Gelborange, das weiße Schloss und der blaue Himmel spiegeln sich im Wassergraben. Das Château de Cormatin ist unter anderem für seine außergewöhnlich schöne Parkanlage berühmt: An jeder Seite des Schlosses wurde der zwölf Hektar große Garten in einem anderen Stil angelegt. Zur Vorderfront, wo auch die Schlafräume liegen, ist er französisch verspielt, hinter dem Schloss englisch-natürlich, beim Eingang liegt neben den Gartenhäuschen ein Gemüsegarten, dahinter eine Wiese mit einem Parcours. Ganz an der äußersten Spitze des Gartens liegt ein Labyrinth aus Buchsbäumen mit einem Vogelpavillon in der Mitte, begrenzt von einem Wasserkanal, in dem Schwäne ihre Kreise ziehen. Leises Vogelgezwitscher und das Summen der Bienen durchziehen die göttliche Stille.

»Sie haben die richtige Jahreszeit gewählt für Ihren Besuch. Im August ist hier die Hölle los«, erklärt Isabelle, die uns mit auf die letzte Führung an diesem

HINKOMMEN

Von Lons-le-Saunier auf die N78 rund 25 km bis nach Louhans. Dort auf die D971 bis Brienne und im Ort rechts auf die D975. Weitere 25 km bis Tournus, im Zentrum links auf die D14 nach Ozenay und weiter bis Cormatin

Tag nimmt. Start ist im 23 Meter hohen Steintreppenhaus, das uns beim Blick nach oben den Kopf verdreht. Wie in den Zeichnungen von M. C. Escher scheint hier irgendetwas mit der Symmetrie nicht zu stimmen. Doch beim Aufstieg in die Bibliothek entpuppt sich dieser Eindruck als Trompe-l'Œil. Gebaut wurde das Schloss Anfang des 17. Jahrhundert im besten Louis-XIII-Stil: bunt, opulent, mit geschnitzten Holzvertäfelungen und schweren Textilbehängen. Absolutes Highlight in der Ausstattung ist das Kabinett der heiligen Cécile, dessen vergoldete und bemalte Wanddekorationen den Schein der Kerzen und des Kaminfeuers so geschickt reflektieren, dass ein Spiegeleffekt entsteht, der den ganzen Raum zum Leuchten bringt.

Eine solch reiche Ausstattung, die in dieser Stilrichtung zu den schönsten in ganz Frankreich zählt, so fern von Paris vorzufinden, überrascht. »Der Erbauer und Besitzer Marquis d'Huxelles war ein Günstling der Königin Maria von Medici«, erklärt Isabelle. Dank dieser königlichen Verbindung bekam der rote Marquis, wie er wegen seiner roten Haare genannt wurde, alles, was in Paris damals schick und angesagt war. Die Königin zog

Buchsbaum-Labyrinth und ein Pavillon für die Vögel: Cormatin ist berühmt für seine elegante Parkanlage

Rasenpflege: Gänse im Park von Cormatin. *Rechts:* Die Frisierutensilien im Schlafzimmer der Marquise, deren Gatte sich nicht lange an seinem Schloss erfreuen konnte

sogar ihre Handwerker von eigenen Baustellen ab und schickte sie hierher, damit die Dekorationsarbeiten in Cormatin vorangingen. Nur rund zehn Jahre konnte der Marquis von seinem schönen Schloss profitieren. Er starb bereits mit 45 Jahren. Seine 20 Jahre jüngere Witwe und ihre drei Kinder zogen sich völlig zurück.

In den Schlafräumen der Marquise fällt neben dem riesigen Kamin der Tisch mit den Toilettenutensilien auf. »Dass man solche Bürsten offen liegen ließ, kam damals einer kleinen Revolution gleich. Privatgegenstände herumliegen zu lassen, galt als nicht fein«, sagt Isabelle. »Daher räumten die Damen alle ihre Sachen in einen großen Koffer. Hier steht auch noch einer. Und nun hier entlang, durch die kleine Tür. Das ist das Boudoir. Weiß jemand, woher das Wort Boudoir kommt?« Ab jetzt wissen wir es: Mitte des 17. Jahrhunderts gab es erstmals einen Raum, in den sich die Herrin des Hauses ganz allein zurückziehen konnte. Die Bediensteten vermuteten damals, dass die hohe Dame schmollt. Und schmollen heißt auf französisch »bouder«.

BERZÉ-LE-CHÂTEL: DIE TRUTZBURG DER FURCHTLOSEN COMTESSE

Während Cormatin sich hinter einer dicken, hohen Mauer vor den Blicken seiner Besucher versteckt, ist unsere zweite Station, Berzé-le-Châtel, bereits kilometerweit von der Straße aus zu sehen. Eingebettet in eine hügelige Landschaft aus Wiesen, Äckern und Weinbergen, liegt die Burg trutzig auf einem kleinen Berg. Zwischen den beiden dicken runden Eingangstürmen sehen wir schon von Weitem eine ältere Dame mit Hund auf uns zukommen. Eigentlich ist das Schloss, oder besser gesagt die Festung, geschlossen. Doch die Hausherrin, Comtesse de Milly, empfängt uns trotzdem mit einem breiten Lächeln und führt uns herum.

13 Türme, dicke Mauern und eine Zugbrücke – nur ein Gespenst hat die großartige mittelalterliche Festung Berzé-le-Châtel nicht zu bieten

HINKOMMEN

Von Cormatin rund 15 km auf der D981 bis Cluny (hier die Reste der Abtei aus dem Jahr 910 ansehen! Sie war, bevor der Petersdom in Rom gebaut wurde, der größte Kirchenbau der Christenheit). In Cluny links ein kurzes Stück auf der D980 Richtung Mâcon bis zur »Route touristique« D309. Auf dieser »Route du vin« ca. 5 km bis Berzé-le-Châtel

Los geht es in einem der beiden Türme am Eingang. Von hier aus überblickt man die gesamte weitläufige Burganlage, die nicht weniger als 13 Türme hat. »Erstmals erwähnt ist Berzé um 991, die Anlage stammt aber erst aus dem 13. Jahrhundert. Seitdem ist sie im Besitz unserer Familie«, erklärt die Comtesse, die, nachdem ihre Kinder aus der Burg sind, allein in der riesigen Anlage wohnt. Hat sie nicht manchmal Angst so allein in dem riesigen Besitz? Gibt es Gespenster? Die Comtesse lacht: »Was für eine gute Idee. Sie haben recht, ich sollte mir mal ein Gespenst zulegen. Nein, Angst habe ich nicht, auch wenn das Château nachts tierische Geräusche von sich gibt.« Laya, der weiße Mischlingshund, der seiner Herrin nicht einen Meter von der Seite weicht, blickt unschuldig fragend nach oben.

Seit zehn Jahren kann man das Schloss besichtigen. Leider nur von außen, die Privaträume sind für Besucher nicht zugänglich. »Da gibt es nichts Historisches zu sehen. Da stehen ja nur meine alten Möbel rum. Die Burg wurde 1817 umgebaut und ist innen auch nicht mehr authentisch. Viel interessanter sind die Wachtürme«, erklärt die Comtesse, während sie mit entschlossenem Schritt vorbei am aristokratischen Gemüsegarten ihres Vaters zum südwestlich gelegenen Turm geht.

Spärliches Tageslicht dringt durch die Schießscharten und Gucklöcher in den dunklen, geräumigen Rundturm, der aus mehreren Stockwerken besteht. »Den lassen wir gerade herrichten, damit der Festungscharakter der Burg noch klarer wird.« Berzé-le-Châtel gilt als eine der besterhaltenen mittelalterlichen Festungen Frankreichs, in der beispielhaft der Verteidigungszweck der damaligen Trutzbauweise deutlich wird. »Nur dreimal in ihrer langen Geschichte ist die Festung eingenommen worden. Im Hundertjährigen Krieg kamen die Feinde durch das Souterrain rein. Wie das funktionierte, verstehen wir bis heute noch nicht. Der geheime Weg wurde nie gefunden.«

Es macht Spaß, der Comtesse zuzuhören. In den Genuss ihrer Führung kommt man leider nur in der Nebensaison. Im Sommer ist die Schlossherrin mit ihrem Rotwein beschäftigt, der in den ehemaligen Pferdestallungen vor sich hin reift.

Völlig abgelenkt von der Plauderei haben wir gar nicht gemerkt, dass sie uns schließlich doch noch ins Innere des Schlosses geführt hat. Wir stehen in ein paar alten, recht schmucklosen Räumen im Erdgeschoss. »Hier standen früher noch Ritterrüstungen, Kanonen und alte Möbel. Leider wurde bei uns vor zwei Jahren eingebrochen und alles geklaut«, sagt die Comtesse. »Es wird wirklich Zeit, dass ich endlich die Zugbrücke am Eingang reparieren lasse, damit ich sie abends wieder hochziehen kann.«

Comtesse de Milly baut Wein an. Vor allem aber hütet sie das Erbe ihrer Familie: In deren Besitz ist die Burg Berzé-le-Châtel seit dem 13. Jahrhundert

CHÂTEAU DE DRÉE: DIE BAUSTELLE, DIE ZWEI MITGIFTEN VERSCHLANG

Nach der zweckorientierten, wuchtigen Festung Berzé-le-Châtel mutet das Château de Drée wie ein Sahnetörtchen an. 1300 Rosenstauden und scheinbar nicht enden wollende Buchsbäumchen-Verzierungen erwarten uns bereits beim Eingang. Die französische Gartenanlage geht links und hinter dem Schloss weiter mit kleinen Wasserbassins, Springbrunnen, Statuen, Fontänen und Terrassen. Zehn Hektar ist der Garten groß, 40 000 Buchsbäumchen wurden neu gepflanzt, um ihm sein Aussehen aus dem 18. Jahrhundert zurückzugeben. Bei der Restaurierung haben auch Hundezwinger, Taubenschlag, die ehemaligen Pferdeställe sowie die Sattlerei einen neuen Anstrich bekommen. Nur für das kleine, runde Gefängnis, etwas entfernt und außerhalb der Schlossmauer, war kein Geld mehr übrig.

Erbaut wurde das Château ab 1620 von Charles de Blanchefort de Créquy, der in das Gebäude sowohl

HINKOMMEN

Von Berzé-le-Châtel in Richtung der großen Nationalstraße, vorher rechts auf die D17 Richtung Cluny. Die D17 führt nach 8 km automatisch auf die N79, dort links ab und nach ca. 5 km auf die Abzweigung nach Matour. Auf der D987 ca. 30 km, durch Matour bis nach La Clayette. Dort rechts auf die D985 Richtung Charolle, und kurz nach der Abfahrt gleich wieder rechts auf die D193 bis Drée.

die Mitgift seiner ersten Frau Madeleine de Lesdiguières wie auch, nach deren Tod, die Mitgift ihrer Halbschwester, seiner zweiten Frau Françoise, investierte. Seine eigentliche Ausstattung und seinen heutigen Namen bekam das Schloss erst um 1767 unter Marquis de Drée, einem engen Freund Louis XV.

Man kann es auf zwei Arten besichtigen. Wer wenig Zeit hat, kauft das Ticket für den Garten und die Nebengebäude, wer mehr Zeit hat, lässt sich durch das Schloss führen. Die überbordende Dekoration der Zeit der Aufklärung ist sehenswert: Farbenfrohe Teppiche, filigrane Louis-XV-Stühlchen, bestickte Kanapees, üppige Kronleuchter, goldene Obstschälchen, Tischuhren und verspielte Spiegel schmücken den Königsraum und die Salons. Hier scheint wirklich nichts abhanden gekommen zu sein. Und das, obwohl Drée weder eine Zugbrücke wie in Berzé-le-Châtel noch einen Wassergraben wie in Cormatin aufzubieten hat.

ADRESSEN

DIE SCHLÖSSER IM SÜDLICHEN BURGUND

• **Château de Cormatin**

Wasserschloss mit abwechslungsreicher Gartenanlage und reicher Louis-XIII-Ausstattung, Anfang des 17. Jahrhunderts von einem Günstling der Königin erbaut. Besichtigung der Räume nur im Rahmen einer Führung.

71460 Cormatin

Tel. 0033/3/85501655

Fax 0033/3/85507206

Öffnungszeiten: 1. April bis 12. November:

tgl. 10 bis 12 Uhr und 14 bis 17.30 Uhr;

14. Juli bis 15. August: tgl. durchgehend 10 bis 18.30 Uhr

Geruhsame Nächte: Schlafgemach im jüngeren Teil des Schlosses, dem Seitenflügel von Cormatin

• Château Berzé-le-Châtel

Mittelalterliche, märchenhafte Festung, die mit ihren Türmen und dicken Mauern eindrucksvoll den Verteidigungscharakter der damaligen Burgen widerspiegelt. Die Innenräume können nicht besichtigt werden. Comtesse de Milly lebt dort allein, seit ihre Kinder aus dem Haus sind.

71960 Berzé-le-Châtel
Tel. 0033/3/85366083
Fax 0033/3/85516031
Öffnungszeiten: tgl. außer Do. 15 bis 18 Uhr,
Juli/August 10 bis 18 Uhr

• Château de Drée

Rokoko-Kleinod mit bestens erhaltenen Louis-XV-Räumen, erbaut ab 1620. Wer keine Lust auf Schlossbesichtigung hat, kann auch einfach in der üppigen, zehn Hektar großen Gartenanlage zwischen Rosen und Springbrunnen flanieren.

71800 Curbigny
Tel. 0033/3/85268480
Fax 0033/3/85268601
www.chateau-de-dree.com
Öffnungszeiten: April, Mai, Sept., Okt.: tgl. außer Di.
14 bis 17 Uhr; Juni bis August: tgl. 10 bis 17 Uhr

• Château Couches

Rund 50 Kilometer nördlich von Cormatin liegt die imposante Festung Couches (siehe auch Extratipp Seite 61). Das Schloss aus dem 12. Jahrhundert gehörte Marguerite de Bourgogne (1290–1315), Königin von Frankreich und Enkelin von St. Louis. Sie hat hier auch ihre letzten Lebensjahre verbracht. Bereits von außen beeindruckend ist die große Anzahl der Türme. Nicht nur die Gebäude selbst sind an allen Ecken von Türmen eingerahmt, auch die Festungsmauer ist mit mehreren Wachtürmen und einem Zwingerturm ausgestattet. Das Schloss ist heute in Privatbesitz. Wer möchte, kann nach der Besichtigung beim Schlossherrn auch Wein kaufen.

Sichere Burg: Im trutzigen Château Couches lebte bis zu ihrem Tod im Jahr 1315 Marguerite de Bourgogne, Königin von Frankreich

71490 Couches
Tel. 0033/3/85454799
Fax 0033/3/85496930
E-Mail: chateaucouches@wahadoo.fr
Öffnungszeiten: April, Mai, Oktober: nur So. und an Feiertagen; Juni und September: tgl. 14 bis 18 Uhr; Juli/August: tgl. 10 bis 12 und 14 bis 18 Uhr

• Château Saint-Point

Der mit Efeu bewachsene Eingang verleiht dem nur 15 Kilometer südlich von Berzé-le-Châtel gelegenen Schloss etwas Romantisches. Und das passt. Denn das eigentlich zu Verteidigungszwecken der Mönche von Cluny erbaute Gemäuer aus dem 12. Jahrhundert beherbergte einen romantischen Dichter. Der adelige Alphonse de Lamartine (1790–1869), Mitglied der Académie française, Politiker und erklärter Literat, zog 1820 in das Château ein und baute es im damals recht angesagten gotischen Stil um.
Er und seine Familie sind im Park nahe einer ebenfalls sehr romantisch gelegenen Kapelle begraben.
71520 Saint-Point
Tel./Fax 0033/3/85505030
www.lamartine.com
Öffnungszeiten: Führungen stündlich von 10 bis 11 Uhr und 14 bis 18 Uhr; Juli/August täglich, April bis Oktober nur Sa., So. und an Feiertagen

• Route des Châteaux en Bourgogne du Sud

Route durch das südliche Burgund mit 17 Schlössern, von feudal bis romantisch, die besichtigt werden können.
Informationen beim Comité Départemental du Tourime de Saône-et-Loire
389, Avenue de Lattre de Tassigny
71000 Mâcon
Tel. 0033/3/85210220
Fax 0033/3/85389436
www.bourgogne-du-sud.com

ÜBERNACHTEN

Noch ein Schloss – aber eines, in dem man übernachten darf: das Château des Poccards hat fünf große, reizend eingerichtete Gästezimmer

• Château des Poccards

Der Ort Hurigny, ca. 35 Kilometer südöstlich von Cormatin, ist zwar nicht sonderlich reizvoll, aber das Gästehaus von Catherine und Ivan Fizaine ist so schön und der Pool im Garten so groß, dass man dort auch einfach den ganzen Tag verbummeln kann. Diese Villa, die einst ein französischer Aristokrat für seine italienische Frau bauen ließ, bietet fünf sehr geräumige und liebevoll ausgestattete Zimmer. Im Esszimmer und im Salon stehen Antiquitäten, die Monsieur Fizaine über die Jahre ersteigert oder auf Flohmärkten gekauft hat. Der ehemalige Artdirector in einer Pariser Werbeagentur hat das Haus 1999 gekauft, nachdem er der Großstadt den Rücken kehrte, und von Grund auf saniert. Statt Werbebilder zu gestalten, bedient er heute seine Gäste mit einem phänomenalen Frühstück. **€€**

120, Route des Poccards
71870 Hurigny
Tel. 0033/3/85320827
Fax 0033/3/85320819
www.chateau-des-poccards.com

• Château d'Igé

In den Weinbergen acht Kilometer nordöstlich von Berzé-le-Châtel liegt dieses Restaurant-Schlosshotel mit seinen drei charakteristischen Türmen aus dem 13. Jahrhundert. Es gibt acht Zimmer und sechs Appartements, einige in den Türmen, fast alle mit Himmelbetten. Bekannt ist das Château d'Igé auch für sein Restaurant und die Hirsch- und Wildschweingerichte von Küchenchef Olivier Pons. **€€**

71960 Igé
Tel. 0033/3/85333399
Fax 0033/3/85334141
www.chateaudige.com

• Le Clos de l'Argolay

Hübsches Stadthaus aus dem 18. Jahrhundert in Charolles, rund 20 Kilometer nördlich des Château de Drée. Im Haupthaus gibt es zwei große Suiten mit bunten Wänden und Möbeln im Stil der damaligen Zeit, in einem modernen Anbau eine weitere Suite. Und im Hof einen Pool. **€€**

21, Quai de la Poterne
71120 Charolles
Tel. 0033/3/85241023
www.closdelargolay.fr

ESSEN & TRINKEN

• Le Moustier

Das Lieblingslokal der Einheimischen im Dorf Berzé-la-Ville, gleich neben der Burg. In dem rustikalen Gasthaus mit einem kleinen Biergarten unter Kastanienbäumen und wunderbarem Blick auf das Lamartine-Tal gibt es Spezialitäten der Region: Steaks von Charolais-Rindern, Terrinen – und Frösche. »Die meisten Gäste kommen zum Grenouille-Essen zu uns«, sagt stolz Besitzerin Delphine Hoquet.

71960 Berzé-la-Ville
Tel./Fax 0033/3/85377741

Im Moustier kann man, wie es die Franzosen gern tun, Frösche essen. Es gibt aber auch Steak

• Le Relais du Mâconnais

Dieses kleines Restaurant (das auch ein paar Zimmer hat) überrascht: Draußen eine uralte Natursteinmauer, drinnen alles ultramodern in Blau. Das Interieur finden viele im Ort zu kühl, aber sie kommen trotzdem zum Essen. Denn Vater und Sohn Lannuel gelten als Anwärter auf einen Michelin-Stern. Zu empfehlen sind das Landhuhn und die Pilzgerichte.

La Croix Blanche
71960 Berzé-la-Ville
Tel. 0033/3/85366072
Fax 0033/3/85366547
geschlossen: So. abends, Mo., Januar

Alte Liebe, die hoffentlich nicht rostet: In La Clayette gibt es entzückende Oldtimer zu bestaunen

✶ EXTRATIPP

ACCLC

Die »Automobil Classic & Collection du Château de la Clayette« ist ein Oldtimer-Händler, der sich in einem Nebengebäude des Wasserschlosses La Clayette niedergelassen hat. Das Schloss kann man nicht besichtigen, die Oldtimer schon. Auch wenn Séverine und Yves Rebet das offizielle Schild »Oldtimer-Museum« wieder entfernt haben. »Die Leute haben einfach zu viel kaputt gemacht.« Wer sich jedoch als Interessent ausweist, dem wird Séverine gern ihre Schätze zeigen: wie den Mercedes 500 Nürburg von 1932, der einst dem König von Siam gehörte, oder den Prototyp Citroën M35, der nie in Serie ging.

71800 La Clayette
Tel. 0033/3/85282207
Fax 0033/3/85268465
www.acclc.com

Seitenwechsel: Emmanuel Ferra, glücklicher Besitzer des Le Garet, kochte früher bei Bocuse und anderen Stars. *Rechts:* Gänseleberpastete im Bouchon Daniel et Denise

Lyon

Der Bauch Frankreichs

Die Geschichte der Bouchons handelt von findigen Müttern, herzhaften Fleischgerichten und Sterneköchen auf Abwegen. Von Genuss und Geselligkeit – und Lokalen, in denen edle Dekoration ganz unwichtig ist

HINKOMMEN

Von Drée zurück auf die D985 Richtung La Clayette. 26 km über Chauffailles bis Les Echarmeaux. Dort im Kreisel erste Abfahrt rechts Richtung Lyon auf die D385 (ehemals D485), 30 km bis Limonest. Dort auf die N6 bis Lyon Centre. Gesamtstrecke: ca. 85 km

Bei Lyon denkt man sofort ans Essen. Die Gastronomie in Frankreichs drittgrößter Stadt ist berühmt, vor allem dank Paul Bocuse, der in seiner Heimatstadt die »Nouvelle Cuisine« erfand und dort fünf Restaurants betreibt. Doch wir wollen nicht beim Drei-Sterne-Starkoch hauchdünne Köstlichkeiten von schneeweißem Porzellan degustieren, sondern Bekanntschaft mit den typischen Lyoneser Bouchons machen.

Diese kleinen, rustikalen Gaststätten entstanden Anfang des 20. Jahrhunderts, als die Bourgeoisie sich ihre Köchinnen nicht mehr leisten konnte. Die arbeitslosen Madames, allen voran die berühmt gewordenen Mütter Mère Guy, Mère Filloux und Mère Brazier, machten kleine Lokale auf. Dort servierten sie zwischen den Mahlzeiten herzhafte Vesper (genannt »mâchon«) und schenkten dazu offenen Wein aus. Als Kennzeichen für ihr Recht, Wein auszuschenken, hängten die frischgebackenen Gastwirtinnen gedrehte Strohbündel an die Türen. Diese nannte man früher »bouche«, und so entstand das Wort Bouchon.

Da die Gäste früher vor allem Arbeiter waren, die in aller Herrgottsfrüh anfingen und sich in ihrer Pause in den Bouchons aufwärmten, kursiert in den Lokalen noch immer das Sprichwort: »Lieber Schwitzen beim Essen und Trinken, als Frieren beim Arbeiten.« Auch andere Traditionen haben sich erhalten: Nach wie vor öffnen die Bouchons nur unter der Woche. Essen wird mittags und abends serviert, meist jedoch nur bis 22 Uhr. Die Preise sind günstig und die Gerichte herzhaft; die Spezialitäten sind Andouillette (Kuttelwurst), Boudin (Blutwurst), Cervelle (Hirn), Gras-Double (Rindermagen), Quenelles (Klösschen aus Butter, Brotsuppe und Fisch) und ein kräftiger Salat mit Speck, genannt Salade Lyonnaise.

Günstige Preise, deftige Gerichte: Kalbshirn, Rinderpansen, Kuttel- und Blutwurst …

Viele Einheimische kommen mit dieser bodenständigen Küche nicht klar. Auch unsere Hauswirtin im Maison d'Hôtes du Greillon, Madame Vails-Miguet, ist kein Bouchon-Fan. Sie verzieht das Gesicht, als wir ihr von unserem Plan erzählen, aber sie hält trotzdem gute Tipps bereit: »Passt auf! Bouchon ist nicht gleich Bouchon. Die in der Altstadt schimpfen sich nur so, sind aber eigentlich Bistros. Da geht ihr nicht hin. Das ist für Touristen.« Die eigentlichen, authentischen Bouchons liegen meist auf der Presqu'Île, der Insel zwischen den Flüssen Rhône und Saône, jenseits der Touristenpfade.

Brigitte Josserand hat sich das Kochen selbst beigebracht. Offensichtlich mit Erfolg: Ihr Café du Jura ist beliebt – seit 32 Jahren

CAFÉ DU JURA: DIE LETZTE BASTION EINER BOUCHON-MUTTER

Im Café du Jura kocht – wie einst – eine echte Mère. Wie der Muttertyp sieht Brigitte Josserand allerdings nicht gerade aus: 52 Jahre alt, kurzer Bubikopf, sportliche Figur. »Früher bin ich Gelände-Ralleys gefahren. Doch dann haben mein Mann Henri und ich 1974 den Bouchon gekauft. Die Aufgabenverteilung haben wir einfach von den Vorgängern übernommen. Er an der Theke, ich in der Küche.« Das Kochen hat sich Brigitte selbst beigebracht, ein paar Sommer-Kochkurse hätten schon sehr geholfen, gibt sie grinsend zu. »Meine Spezialität ist Tablier de Sapeur, das ist panierter Rinderpansen; außerdem Kalbskopf und eine Pastete aus Geflügelleber. Das Fleisch kommt aus Lyon. Ich achte darauf, unterschiedliche Gerichte für Sommer und Winter auf der Karte zu haben. Im Winter gibt es eher Eintopf, im Sommer Terrinen und Fisch.«

Trotz der 33 Jahre am Herd macht ihr die Arbeit noch immer Spaß. »Ich hab nur einmal ans Aufhören gedacht. Das war 2005, als mein Mann starb. Viele meiner Stammkunden sorgten sich damals, dass ich alles hinschmeiße, aber dann ist ja mein Sohn eingestiegen.«

Brot, Käse, Schinken, Wein: Natürlich gehören diese Grundnahrungsmittel auch in jedem Bouchon auf den Tisch. *Rechts:* Ruhe vor dem Ansturm der Gäste im Le Garet

Benoît, 29, eigentlich diplomierter Historiker, hat schon als Student im Lokal ausgeholfen und nach dem Tod seines Vaters ohne zu zögern dessen Platz an der Theke eingenommen. Er kümmert sich um den Service und füllt die »Pots«, die typischen Bouchon-Flaschen, mit Beaujolais, Côte du Rhône und Montagnieu. »Ich bilde Benoît aber auch in der Küche aus. Das liebt er«, verkündet Brigitte. Sie selbst möchte den Service im Saal nicht mehr machen. »Viel zu hektisch. Ich bleibe lieber in der Küche, da habe ich meine Ruhe. Wissen Sie, früher war ich die jüngste Bouchon-Köchin von ganz Lyon. Und nun bin ich bald die einzige, die noch übrig ist.« Die alte Tradition de Bouchon-Köchinnen sterbe aus. Anfang 2006 habe Brigittes Kollegin France Deschamps vom Chez Georges ihr Lokal verkauft, und wahrscheinlich im nächsten Jahr gehe Arlette Hugon vom Chez Hugon in Rente. »Die hat es dann hinter sich, aber ich muss noch zehn Jahre weiterkochen. Dann bin ich bald die Einzige, die in Lyon diese Tradition noch hochhält.«

LE GARET: FRISCHER WIND ZWISCHEN ALTEN WÄNDEN

Einer der ältesten Bouchons in ganz Lyon ist das Le Garet, und das sieht man sofort. Vier verschiedene Holztäfelungen tauchen den verwinkelten Raum in einen warmen Rotbraunton. Kaum eine Deckenlampe

ALLEE
L.O.L
Rugby
35€

gleicht der anderen, die Decke ist leicht fleckig vom Zigarettenrauch, das Mobiliar rustikal. Auf jedem Tisch steht auf den gelb-weiß karierten Decken ein frischer Blumenstrauß, historische Schwarz-Weiß-Fotografien und alte Stiche hängen an den Wänden, und die Theke ist vollgeklebt mit Rugby-Plakaten und Fußballwimpeln. Das Lokal stammt aus dem Jahr 1918, und dennoch steht Le Garet für eine neue Generation der Traditionslokale: Denn der gerade mal 35 Jahre alte Be-sitzer Emmanuel Ferra kommt aus der Haute Cuisine. »Ich war zwei Jahre bei Bocuse«, erzählt er und zeigt auf ein Bild, wo er neben dem berühmten Sterne-Koch in die Kamera strahlt. »Dann war ich im Belle Otero im Hotel Carlton in Cannes an der Croisette. Das hat zwei Michelin-Sterne. Dann bei Léon de Lyon. Auch der hat zwei Sterne. Und dann habe ich vor vier Jahren das Le Garet gekauft.« Und serviert hier statt Nouvelle Cuisine traditionelle Spezialitäten wie Cervelle de Veau à la Meunière (Kalbshirn).

Laut und lustig ist es im Le Garet. Die Ober wirbeln durch die engen Gänge zwischen den Tischen. Die jungen und alten Gäste sitzen mit roten Wangen und freudigem Blick über ihren Gerichten. Wer geht, wird vom Besitzer mit Handschlag verabschiedet. »Genau das ist es, was mir in der Haute Cuisine gefehlt hat: die Kundennähe. Meine Gäste sind meine Freunde«, ruft uns Emmanuel gegen den Lärm entgegen und reicht ein Glas Rotwein über den Tresen. In seinem Lokal kosten die Gerichte alle um die zwölf Euro. »In einem Bouchon darf es nicht teuer sein. Aber ich koche nicht mehr selbst, ich gehe nur noch auf den Markt«, sagt er. »Wenn ihr im Bouchon eines echten Gourmetkochs essen wollt, müsst ihr zu meinem alten Chef gehen. Zu Joseph Viola. Dem gehört das Daniel et Denise.«

Karierte Tischdecken, Holzvertäfelung, alte Fotos, Gelächter: So muss ein Bouchon sein

DANIEL ET DENISE: NIE WIEDER HAUTE CUISINE

Für viele Einheimische ist Daniel et Denise der beste Bouchon der Stadt. Weil Joseph Viola es schafft, deftig und raffiniert zugleich zu kochen

Diese Chance, von einem echten Haute-Cuisine-Koch für wenig Geld bekocht zu werden, lassen wir uns nicht entgehen, auch wenn unsere Mägen bereits knurren. Doch bis zu unserem dritten, dem edlen Bouchon ist es ein Stück. Weit weg von den anderen, an der Grenze vom 3. zum schicken 6. Arrondissement von Lyon, liegt Daniel et Denise (den Namen hat es von seinen früheren Besitzern) in einem ruhigen Wohnviertel. Rot-weiß karierte Gardinen sorgen für rustikales Ambiente, das Lokal ist proppenvoll. »Habt ihr reserviert?«, fragt Besitzer und Chefkoch Joseph Viola. Als wir den Kopf schütteln, sagt er nur: »Ach, irgendwo kriegen wir euch noch dazwischengequetscht. Setzt euch gleich mal da hin. Die Gäste haben sich verspätet. Ich schicke euch einen Ober.« Kaum dass wir sitzen, bekommen wir Baguette und eine Fleischterrine auf den Tisch gestellt.

Dass es bei Daniel et Denise edler zugeht als in den anderen Bouchons der Stadt, merkt man gleich: Es gibt eine Weinkarte, die Dekoration ist dezenter, die Geräuschkulisse gedämpfter, und die Spezialitäten sind »Pfarrers-Omelette« mit Flusskrebs-Schwänzen, Brotkrustenpastete mit Foie Gras und Kalbsbries.

Joseph Viola rennt von der Küche ins Lokal, spricht mit Gästen, verabschiedet mit Küsschen seine Stammkunden und hat für jeden ein nettes Wort parat. Als er sich endlich zu uns setzt, hat er Stunden in der Küche und im Service hinter sich und strahlt noch immer. Am Kragen seiner Chefkochjacke prangt die Trikolore. »Das dürfen nur Leute tragen, die ›Meilleur Ouvrier de France‹ sind. Die hohe Auszeichnung habe ich 2004 bekommen. Darauf bin ich echt stolz.« Viola hat wie sein Kollege Emmanuel Ferra vom Le Garet mit Paul Bocuse zusammengearbeitet und in vielen Sterne-Restaurants gekocht. »Aber irgendwann hatte ich die

Joseph Viola
Daniel et Denise

Schnauze voll von der Haute Cuisine. Ich wollte nur noch weg und was Eigenes machen.« Ausgerechnet einen Bouchon? Viola zuckt die Achseln, lacht aus seinem Dreitagebart und sagt: »Ich habe Spaß. Die meisten meiner Kunden kenne ich persönlich. Und jetzt muss ich wieder in die Küche.«

Als wir fertig sind und bezahlt haben, lassen wir Grüße ausrichten. Wir stehen schon auf der Straße, da kommt Viola noch einmal herausgestürzt, um uns persönlich zu verabschieden: »Au revoir, bis bald!«

Joseph Viola, Chefkoch und Besitzer des Daniel et Denise. Die Trikolore am Kragen zeigt: Er ist ein hochdekorierter »Meilleur Ouvrier de France«

ADRESSEN

DIE BESTEN BOUCHONS VON LYON

• Café du Jura

Traditioneller Bouchon mit Küchenchefin, auf der Presqu'Île in der Nähe der Börse. Seine Geschichte geht zurück bis ins Jahr 1867, die Art-déco-Innendekoration ist von 1937: Allein die Ausstattung mit Wendeltreppe, Marmorbemalung an den Säulen, stilechten Gaslampen und Messing-Hutablage über allen Tischen ist einen Besuch wert. Die Küche sowieso.

25, rue Tupin
69002 Lyon
Tel. 0033/4/78378515
Fax 0033/4/78375949

• Le Garet

Einer der ältesten Lyoneser Bouchons. Besitzer Emmanuel Ferra kommt aus der Haute Cuisine und sagt heute: »In einem Bouchon darf es nicht teuer sein.«

7, rue du Garet
69001 Lyon
Tel. 0033/4/78281694
Fax 0033/4/72000684

Klein und gemütlich: Im Chez George haben nach 17 Jahren die Besitzer gewechselt – doch an der Küche und der Atmosphäre soll sich nichts ändern

• **Daniel et Denise**

Etwas entlegener Bouchon in einem Wohnviertel im 3. Arrondissement. Joseph Viola, der auch schon mit Paul Bocuse und im Gourmet-Restaurant Léon de Lyon kochte, zaubert hier seit 2006 edle, aber bodenständige Köstlichkeiten – etwa »Pfarrers-Omelette« mit Flusskrebs-Schwänzen – und verbreitet zudem gute Stimmung im Lokal.

156, rue de Créqui
69003 Lyon
Tel./Fax 0033/4/78606653

• **Au Petit Bouchon Chez Georges**

Traditioneller Bouchon mit nur 25 Plätzen in der engen Gasse Rue du Garet. Die Dekoration ist sehr rustikal, das Ambiente gemütlich. Das Minilokal wurde 17 Jahre vom Ehepaar Deschamps geführt, die neuen Besitzer, die Anfang 2007 übernahmen, wollen die traditionelle Küche fortführen.

8, rue du Garet
69001 Lyon
Tel. 0033/4/78283046

• **Chez Marcelle**

Lola ist seit 20 Jahren in der Küche, Marcelles Mann Guy an der Bar und Marcelle selbst, genannt »La Grande«, jongliert mit den Tellern und den Salatschüsseln. Die Deko stammt aus den 50ern. In diesem Lokal auf der Presqu'Île zwischen Rhône und Saône trifft sich halb Lyon zum Essen.

71, Cours Vitton
69001 Lyon
Tel. 0033/4/78895107
Fax 0033/4/78521336

• **Le Café des Fédérations**

Man sagt, in diesem Bouchon – ebenfalls auf der Presqu'Île – liegt die Seele der Stadt. Hier wird gegessen, gefeiert, es gibt sogar einen Saal für Gourmet-Zusammenkünfte. So alt der Bouchon auch sein mag, er geht mit der Zeit und hat

eine eigene Webseite. Auf der kann man sich auch anhören, wie es zugeht in einem typischen Bouchon: laut und fröhlich.
8–10, rue du Major Martin
69001 Lyon
Tel. 0033/4/78282600
Fax 0033/4/72077452
www.lesfedeslyon.com

ÜBERNACHTEN

• Cour des Loges

Schicker kann man in Lyon nicht wohnen. Mitten in der Altstadt, sogar direkt in der Fußgängerzone, liegt diese traumhafte Hotel, bei dem drei uralte Gebäude aus dem 14., 16. und 17. Jahrhundert unter einem gemeinsamen Dach zusammengefasst wurden. Die 62 Zimmer und Suiten liegen aufgereiht hinter einer spätmittelalterlichen Treppenfassade. Viele Zimmer sind zweistöckig, alle mit echten Kunstwerken und mit edlem Interieur. Außerdem bietet der »Hof der Logen« ein Spa, ein kleines Schwimmbad, ein sehr gutes Restaurant und eine Bar. **€€€€**
2, 4, 6, 8, rue du Bœuf
69005 Lyon
Tel. 0033/4/72774444
Fax 0033/4/72409361
www.courdesloges.com

• Maison d'Hôtes du Greillon

Eine steile und scheinbar nicht enden wollende Treppe führt vom Ufer der Saône hoch bis zum Chambres d'Hôtes, das sich hinter einem alten, verwitterten Holztor versteckt. Drinnen liegt ein kleines Juwel mit Sonnenterrasse, Flussblick und fünf schlicht, aber sehr geschmackvoll mit Antiquitäten eingerichteten Zimmern. Besitzerin Mercédès Vails-Miguet hat das Wohnhaus aus dem 18. Jahrhundert, das früher einem Bildhauer gehörte, vor ein paar Jahren ent-

Hausgemachte Marmelade, familiäre Stimmung: Frühstück im Salon des Gästehauses Greillon; im Sommer wird es auf der Terrasse serviert

Ein ländliches Idyll hoch über der Stadt: das Maison d'Hôtes du Greillon und seine engagierte Besitzerin Mercédès Vails-Miguet

deckt und ihren Lebenstraum, eine Pension aufzumachen, verwirklicht. Nun kümmert sie sich liebevoll um ihre Gäste. Das Frühstück nehmen alle gemeinsam rund um einen alten Holztisch im Salon ein – oder im Sommer auf der Terrasse. Während die Gäste die zahlreichen selbst gemachten Marmeladen der Hausherrin probieren, tauschen sie ihre Lyon-Erlebnisse aus. Und fühlen sich dabei wie zu Hause. **€€**
12, Montée du Greillon
69009 Lyon
Tel. 0033/608/222633
Tel./Fax: 0033/4/72291097
www.legreillon.com

• Le 104
Hoch über Lyon, in südwestlicher Richtung, liegt in einem Vorort das Stadthaus mit einem großen englischen Garten. Es hat nur zwei Zimmer: das von Onkel Joseph und das von Tante Lucie. Das klingt heimelig, und genauso sehen die hübsch eingerichteten Zimmer auch aus. Frühstück gibt es bei gutem Wetter im Garten. **€**
104, Chemin de Montray
69110 Sainte-Foy-Lès-Lyon
Tel./Fax: 0033/4/78591739
http://le104chambreshotel-lyon.chez-alice.fr

✶ EXTRATIPPS

Bernachon

Nach den deftigen Spezialitäten der Bouchons brauchen wir zur Abwechslung etwas Süßes – und davon gibt es Unmengen bei Bernachon, auf der anderen Seite der Saône und Rhône im 6. Arrondissement. Der Konditorladen ist riesig und ganz in Gold gehalten. Ein wahrer Schoko-Tempel mit hohen Decken und einer Theke, in der sich – hinter Glas und gut temperiert – die Torten und

Schokolade, Crème fraîche, und zum Schluss ein Hauch von Blattgold als Dekor: Palets d'Or, die Spezialität bei Bernachon

Pralinen aneinanderreihen. »Unsere Spezialität sind Palets d'Or, erklärt die Verkäuferin und lenkt uns ans Ladenende. Dort liegen die Palets, zu deutsch (Eishockey-)Pucks, aus dunkler Schokolade und Crème fraîche auf einem mit feinem Blattgold gebürsteten Tablett und warten darauf, vergoldet zu werden. »Die Goldbeschichtung machen wir per Hand«, sagt die Mitarbeiterin und fängt an, mit flinker Handbewegung die Schokotaler umzudrehen, bis alle ein bisschen Goldspuren abbekommen haben. 50 Euro kostet eine 500-Gramm-Packung. »Sie sind unsere Bestseller, aber unsere Trüffel sind auch nicht schlecht.« Wohl wahr.

42, Cours Franklin Roosevelt
69006 Lyon
Tel. 0033/3/78243798
Fax 0033/3/78526777
www.bernachon.com

Vavro & Co

Das soll ein Weinladen sein? Die Neugierde hat uns direkt vom Chocolatier Bernachon hierher geführt. Vavro & Co ist eine echte Entdeckung. Nicht nur wegen des modernen Holzkisten-Regaldesigns, des Betonbodens und der stylischen roten Deckenleuchte, sondern wegen des Konzepts der Eigentümer: Erica und Blaise Vavro geben offenherzig zu, nichts von Wein zu verstehen. Der Lockenkopf Blaise arbeitete vorher im Theater und in der Eventorganisation an der Oper von Lyon. Um sich ein bisschen dazuzuverdienen, fing er in einem Champagnerhaus an zu jobben. Als das dichtmachte, bot man ihm an, den Laden zu übernehmen. Sein Vater, ein Busenfreund von Paul Bocuse und freier Designer für Villeroy & Boch, gestaltete das Interieur, Ehepaar Vavro fuhr durch Frankreich, trank ein Probiergläschen nach dem anderen und kaufte ein. »So bin ich 2003 Weinhändler geworden. Ich orientiere mich nicht am Etikett,

sondern an meinem ganz persönlichen Geschmack«, sagt Blaise Vavro. »Anfangs wollten wir nur Weine für zehn Euro verkaufen, doch inzwischen werden sie immer teurer. Die meisten liegen heute im Preis zwischen 15 und 50 Euro. Wir haben auch einen Pinot Noir, der 2500 Euro kostet. Aber den verkaufen wir nur einmal im Jahr.«

46, Cours Franklin Roosevelt
69006 Lyon
Tel. 0033/4/37240033
Fax 0033/4/37240044
www.vavroandco.com

»Ich verstehe nichts von Wein«, behauptet Blaise Vavro. Sein stylisher Laden Vavro & Co hat dennoch ein exquisites Angebot

Typische Stilelemente des romanischen Kirchenbaus sind die dicken Mauern und hohen Rundbögen wie bei Notre-Dame-du-Port in Clermont-Ferrand. *Rechts:* die Basilika von Orcival

Auvergne

Meisterwerke der Romanik

In der verwunschenen Vulkanlandschaft erlebte die Kunstepoche der Romanik ihre späte Blüte: in Kirchen aus dunklem Gestein mit mächtigen Rundbögen, vieldeutigen Kapitellen und eindeutigen Botschaften

HINKOMMEN

Lyon im Westen verlassen. Im Vorort Francheville auf die D311 (früher D11), rund 35 km bis Saint-Symphorien-sur-Coise. Dort auf der D2 nach Chazelles-sur-Lyon. Kurz auf die D12.2. Richtung Montrond-les-Bains. Bei der Kreuzung links auf die N89 Richtung Clermont-Ferrand, rund 10 km bis Montrond-les-Bains und auf der D496 rund 12 km bis Montbrison. Weitere 22 km bis Ambert. In Ambert auf die D906, rund 40 km bis Courpière. Nach dem Ort links auf die D223 bis Lezoux und dort vor dem Ortseingang auf die N89 (die Straße heißt später D1 und D769) abbiegen, 28 km bis Clermont-Ferrand. Gesamtstrecke: ca. 240 km

In der Auvergne regnet es. Immer. So heißt es. Doch als wir in der saftiggrünen Gegend in der Mitte Frankreichs unterwegs sind, ist kein einziges Wölkchen am Himmel zu sehen. Eigentlich sollten wir diesen strahlenden Sonnenschein ausnutzen, die Wanderschuhe überziehen und die sagenhafte Vulkanlandschaft erkunden. Doch unser Augenmerk gilt nicht der Natur, sondern der Architektur – und zwar der romanischen. Die erlebte in der Auvergne, später als in Deutschland und in Nordfrankreich, ihre Hochzeit Ende des 10. und Anfang des 11. Jahrhunderts.

Dass die Auvergne ein bisschen hintendran war, passt wunderbar zum Klischee der Region, deren Einwohner im Ruf stehen, nicht unbedingt die schnellsten zu sein. Doch je länger sich die Romanik in der Mitte Frankreichs Zeit nahm, umso mehr erblühte sie: Die Auvergne gilt heute als eine der wichtigsten Regionen für romanische Baukunst in ganz Europa. Der auvergnatische Stil ist besonders rein, die Bauten besonders zahlreich (insgesamt 250 an der Zahl) und beeindruckend. Das Zentrum der Romanik lag um die Diözese Clermont-Ferrand, deren Kirche Notre-Dame-du-Port zusammen mit den Kirchen Saint-Saturnin, Saint-Nectaire, Orcival und Issoire zu den schönsten Beispielen der auvergnatischen Romanik zählen.

NOTRE-DAME-DU-PORT: EIN JUWEL DER REINEN, STRENGEN ROMANIK

Während wir auf Clermont-Ferrand, die Hauptstadt des Départements Puy-de-Dôme (und Hauptsitz des Reifenherstellers Michelin) zufahren, ist von architektonischer Schönheit wenig zu sehen. Ein zubetonierter Industriegürtel schirmt die Altstadt ab, an deren nordöstlichem Rand Notre-Dame-du-Port liegt. Die Kirche verdankt ihren Namen dem Stadtteil. Hier befand

Spiel der Farben: Die Kirchenfenster von Notre-Dame in Clermont-Ferrand bilden einen bezaubernden Kontrast zur Strenge der Architektur

sich im Mittelalter zwar kein »port«, also Hafen, aber ein äußerst lebendiger Marktplatz. Heute ist die Rue du Port eine enge, sehr stille Wohngasse, die zur gleichfalls ruhigen, fast schon ausgestorbenen Place Delille führt. Kurz vor dem Platz lugt auf der linken Seite hinter einem Tor das Portal von Notre-Dame-du-Port hervor. Eingezwängt zwischen Wohnhäusern und hoher Kirchenmauer, kann das in hellem Naturstein gemauerte Gotteshaus kaum glänzen. Doch so sehr die Kirche – sie gehört zum UNESCO-Kulturerbe – von außen enttäuscht, so sehr bezaubert sie im Inneren.

Vom Ende des Hauptschiffs auf dem Weg zum Altar nimmt bei jedem Schritt das Licht zu. Während die Kirche hinten noch abweisend düster wirkt, erstrahlt der vordere Teil mit den beiden Seitenschiffen und dem Chor in einnehmender Helligkeit. Die Kirchenfenster erzeugen Lichtspots, die wie moderne Malerei auf dem Boden und den Wänden bunte Fleckchen hinterlassen. Um den Altar herum und entlang des Chores gruppieren sich acht Säulen, deren Kapitelle reich mit Szenen aus der Bibel und mit wilden Fantasiegebilden

Blick für Details: die Mosaiken an der Apsis von Notre-Dame-du-Port in Clermont-Ferrand. *Rechts:* Saint-Saturnin mit seinem achteckigen Glockenturm

verziert sind: Hier hadert Eva mit der Schlange, dort besiegt die Geduld den Hass, der Engel verkündet Maria die frohe Botschaft, ein Affe zupft Adam am Bart, die Wohltätigkeit kämpft gegen den Geiz ...

Um alle Details zu entdecken und alle Darstellungen zu dechiffrieren, bräuchte man Stunden. Manche Touristen haben sich Klappstühle mitgebracht und studieren mit kleinen Operngläsern die Szenen, während leise Musik durch die Kirche weht. Dass die Bestuhlung ansonsten fehlt, verstärkt zwar den streng konstruierten Charakter der Kirche, ist aber auch schade: Denn diese schlichte Kirche ist eine solche Schönheit, dass man sie gern länger und im Sitzen genießen würde.

SAINT-SATURNIN: EINE KIRCHE. EINE BURG. UND EIN BILDERBUCHDORF

Das kleine Saint-Saturnin lohnt einen Zwischenstopp auf dem Weg nach Saint-Nectaire. Es gehört zu den schönsten Dörfern Frankreichs. Die romanische, aus Vulkanstein gebaute Kirche mit ihrem imposanten achteckigen Kirchturm steht auf der Spitze eines Felsmassivs, das Dorf windet sich in Spiralen um die Kirche bis ins Tal hinab. Saint-Saturnin ist das kleinste und jüngste der fünf berühmten romanischen Gotteshäuser. Es stammt aus dem 12. Jahrhundert. Das Innere ist nüchtern, die Kapitelle lassen bereits den Einfluss der Gotik spüren. Doch ihre Position als Sehenswürdigkeit des filmkulissenreifen Dörfchens verteidigt die Kirche tapfer gegen die zweite Sehenswürdigkeit, die Burg der Barone de La Tour-d'Auvergne, aus deren Geschlecht die Mutter von Katharina von Medici stammt.

Wir verlassen das Dorf auf der anderen Seite und fahren über kleinste Landstraßen und Wege, an Bächen entlang und durch die tiefgrüne hügelige Vulkanlandschaft weiter nach Saint-Nectaire.

HINKOMMEN

Von Clermont-Ferrand auf die Autobahn A75/E11 Richtung Süden/Montpellier. Bereits nach rund 7 km die Abfahrt 5 nehmen, auf die D213. Nach rund 10 km links auf die D96 bis Saint-Saturnin

cotton

Perfekte Harmonie: Die Kirche Saint-Nectaire im gleichnamigen Dorf ist dem Heiligen gewidmet, der im 3. Jahrhundert hier das Christentum verbreitete

SAINT-NECTAIRE: EIN PLATZ FÜR FEEN UND HEILIGE

Die Anfahrt: ein Traum. Auf kleinen, verlassenen, kurvigen Straßen geht es bis Saint-Nectaire. Die Kirche ist schon kilometerweit zu sehen. Ihr grau-brauner Turm ragt aus grünen Wiesen und tiefem Laubwald empor. Ihre spektakuläre Lage auf dem Mont Cornadore, der ihr auch den Namen gab, und zwischen bewachsenen Vulkanhügeln verschlägt uns den Atem. Serpentine um Serpentine wird Saint-Nectaire größer und größer, plötzlich taucht ein Dorf auf. Das war vorher gar nicht zu sehen. Die wenigen Häuser, eine Gaststätte und ein paar Läden schmiegen sich wie ein Schutzwall um die Kirche, die – eingerüstet ist. Michel Andran vom Pfarrhaus, der zufällig vorbeikommt, gibt Auskunft: »Die Arbeiten werden sicherlich bis Ende 2007 gehen.«

Trotz der Gerüste wird die perfekte Harmonie des Gotteshauses aus dem 12. Jahrhundert deutlich: Der große Turm in der Mitte ist umschlossen von größeren und kleineren Haupt- und Seitenschiffen, kleinen Türmen und einem mehrstufigen Chor. Viele der dunklen, rauen Vulkansteinfassaden sind außen mit kleinen Säulenarkaden verziert. Orangefarbene Flechten kriechen an der fast grauschwarzen Mauer empor.

Der Eingang des Gotteshauses, flankiert von zwei Türmen, ist recht schlicht, aber spektakulär nahe an den Abhang des Granitfelsens Cornadore gebaut, sodass man beim Hinein- und Hinaustreten weit über das grüne Tal zu den nahen Bergen sehen kann. Angeblich wohnten einst Feen in den Felsen. Aber dann kam Nectaire, ein Gefolgsmann des ersten Bischofs von Clermont, und er-richtete im 3. Jahrhundert an diesem heidnischen Ort eine Kirche. Um 1150 wurde anstelle des einst unscheinbaren Gotteshauses mit finanzieller Unterstützung von Wilhelm VII., Herzog der Auvergne, dann dieses Juwel der Romanik errichtet.

HINKOMMEN

In Saint-Saturnin auf die D28. Nach 2 km rechts abbiegen auf die D119. Rund 6 km bis Olloix, dort links auf die D150, ca. 11 km bis Saint-Nectaire

Die grünen Konturen der Vulkanlandschaft: Die Fahrt von Saint-Nectaire zum Col de la Croix Morand ist spektakulär für Autofahrer – und eine Herausforderung für jeden Radler

Die Basilique Notre-Dame d'Orcival soll Wunder vollbringen können. Jedes Jahr an Himmelfahrt ist die Kirche Ziel einer Wallfahrt

Von der grünen Umgebung treten wir in das sanft ausgeleuchtete, in Gelb getauchte Innere der Kirche, das heimelig kompakt wirkt. Eine robuste Tribüne rahmt den Eingang ein, ein Säulenbogen verkleinert optisch den Blick in den Raum und trennt Altar und Chor voneinander ab. Bekannt ist Saint-Nectaire für seine außergewöhnlich schönen Kapitelle. 103 sind es an der Zahl. Man kann sie in drei Kategorien einteilen: Kapitelle mit Pflanzen, Tieren und Menschen. Die Säulenverzierungen, an denen unschwer Farbreste der ursprünglichen Bemalung zu erkennen sind, erzählen uns Geschichten aus dem Alten und Neuen Testament, der Apokalypse und dem Leben des Heiligen Nectaire. Im Chor mit seinen sechs eleganten Säulen gibt es ein weiteres Highlight zu sehen: die Büste des Heiligen Baudine, eines Begleiters Nectaires. Sie ist aus vergoldetem Kupfer und thront neben der Statue der heiligen Jungfrau von Cornadore. Also bewohnt nach den Feen auch heute wieder eine Frau den Felsen.

BASILIQUE ORCIVAL: DIE ZWEI GESICHTER DER JUNGFRAU MARIA

HINKOMMEN

In Saint-Nectaire der Straße ins Tal folgen, am Ortsende rechts auf die D966. Durch Murol und Chambon-sur-Lac, nach 22 km rechts auf die D983. Dieser landschaftlich schönen und kurvigen Straße 7 km folgen, dann links auf die D27. Nach 7 km wieder links auf die D555 bis Orcival

Auch die Basilique Notre-Dame d'Orcival, unsere letzte Station, ist eingerüstet. Doch im Inneren sind die Renovierungsarbeiten bereits weit fortgeschritten. Nur die Deckenbeleuchtung fehlt noch. Baustellenlampen erhellen den dunklen Vulkanstein spärlich und tauchen das Gotteshaus in schummriges Licht. Die Basilika geht auf eine Wallfahrt zur Heiligen Jungfrau zum Ende des 6. Jahrhunderts zurück und wurde Mitte des 12. Jahrhunderts an die Stelle einer von den Normannen zerstörten Kirche erbaut.

Das Marienbild in der Mitte des Chores ist eines der Highlights: eine kleine, eher unscheinbare Skulptur, die einen Zauber in sich birgt. Betrachtet man die Marienfigur von rechts, lächelt sie. Von links aus schaut sie ernst. Die Jungfrau ist sowohl milde, lächelnde Mutter als auch strenge, ernste Königin. Diese symbolische Spielerei ist nicht die einzige, die Orcival zu bieten hat. Die Figuren auf den 244 Kapitellen sind ebenfalls voller versteckter Anspielungen und Hinweise. Diese Weisheiten lernt man aus dem Faltblatt, das man gleich beim Eingang in die Hand gedrückt bekommt und mit dem man staunend die Chorverzierungen umrundet: Ein Centaur etwa bedeutet Spiritualität, eine Sirene steht für Leidenschaft, ein geschlossenes Buch für Wahrheit. Ein angeketteter Affe symbolisiert, dass ein Mensch seine Passionen im Zaum halten kann. Pflanzen sind ein Sinnbild der Erneuerung, werden sie jedoch zusammen mit Men- schen gezeigt, ein Symbol für Gnade.

Steinerne Kunst voller mystischer Symbole ist zu bestaunen auf den 244 Kapitellen der Basilique Notre-Dame d'Orcival

ADRESSEN

DIE KIRCHEN DER AUVERGNE

- **Notre-Dame-du-Port**

Ein Juwel der reinen und strengen Romanik.
Die Kirche wird bis 2008 restauriert, es gibt aber eine informative Ausstellung im Nebengebäude.
rue du Port
63000 Clermont-Ferrand
Öffnungszeiten: tgl. 8 bis 19 Uhr
Führungen nach Vereinbarung unter Tel. 0033/4/73986500

- **Saint-Saturnin**

Kleinste und jüngste der fünf romanischen Kirchen, in einem der schönsten Dörfer Frankreichs.
63450 Saint-Saturnin
Öffnungszeiten: tgl. 9 bis 19 Uhr, Kirchenführungen nach Vereinbarung unter Tel. 0033/4/73393013 (Mme. Hortefeux)

Mal lächelt sie, mal sieht sie ernst drein – je nach Blickwinkel des Betrachters: die geheimnisvolle Marienstatue in der Basilika von Orcival

• Saint-Nectaire

Die Kirche namens Notre-Dame-du-Mont-Cornadore liegt einfach traumhaft. Sie wurde im 12. Jahrhundert aus Vulkangestein gebaut und reich ausgestattet. Bis Dezember 2007 wird die Kirche von Grund auf saniert.

Presbytère
Place de l'Eglise
63710 Saint-Nectaire
Tel./Fax 0033/4/73885067
Öffnungszeiten: April bis Oktober tgl. 9 bis 19 Uhr, November bis März 10 bis 12.30 und 14 bis 18 Uhr

• Basilique Notre-Dame d'Orcival

In einem kleinen Dorf in einem grünen Tal versteckte Kirche mit symbolträchtigen Kapitellen und geheimnisvoller Marienstatue. Und – was selten ist – einem noch original erhaltenen Glockenturm aus dem 12. Jahrhundert.

Le Bourg
63210 Orcival
Öffnungszeiten: im Winter 8 bis 12 und 14 bis 17 Uhr, im Sommer 8 bis 20 Uhr; Führungen nach Vereinbarung unter Tel. 0033/4/73658149 (M. le curé Père Vivier bzw. Mme. Colette Mignard)

• Église Saint-Austremoine in Issoire

Die einstige Benediktiner-Abteikirche steht im Zentrum des Städtchens rund 40 Kilometer südlich von Clermont-Ferrand. Sie ist bekannt für ihre besonderen Lichtspiele bei Sonnenaufgang und für die Krypta. Die Innenausstattung wurde 1858 bei Renovierungsarbeiten in ihre ursprüngliche mittelalterliche Form zurückversetzt. Die Altstadt von Issoire hat sich ihren mittelalterlichen Charme mit vielen engen Gassen bewahrt. Issoire liegt schon auf unserer Route in die Provence (s. Seite 134).

L'Abbatiale Saint-Austremoine
63500 Issoire
Öffnungszeiten: tgl. 10 bis 12 und 14 bis 19 Uhr

ÜBERNACHTEN

• Le Chastel Montaigu

Nach all den romanischen Kirchen kann man stilecht nur zehn Kilometer östlich von Saint-Nectaire in einer richtigen mittelalterlichen Burg nächtigen. Anita und Michel Sauvadet bieten vier sehr großzügige Zimmer mit zum Teil mittelalterlichem, aber modernen Ansprüchen angepasstem Ambiente. Tipp: Im Zimmer »Gothique« kann man sowohl vom Baldachinbett wie auch von der Privatterrasse aus die Abendsonne genießen. **€€**

Le Château
63320 Montaigut-le-Blanc
Tel. 0033/4/73962849
Fax 0033/4/73962160
www.le-chastel-montaigu.com

Château de Voissieux: drei Gästezimmer mit Stilmöbeln in der Nähe von Orcival. *Rechts:* Das Schloss mit seinen jahrhundertealten Mauern

• Château de Voissieux

Nur fünf Kilometer nördlich von der Kirche Orcival, aber sehr versteckt in einem kleinen Dorf, liegt das zauberhafte Schlösschen von Danielle und John Phillips. Das ältere Ehepaar hatte die einstige Ruine vor 18 Jahren erworben und wieder aufgebaut. Als ihre Kinder auszogen, richteten der ehemalige Grafikdesigner aus London und seine französische Frau drei Gästezimmer ein, in denen man in göttlicher Ruhe zwischen alten englischen und französischen Stilmöbeln nächtigt. In jedem stehen – typisch englisch – Wasserkocher und Teebeutel bereit. Frühstück gibt es im Wintergarten mit Blick auf das Dorf und die grüne Wiesenlandschaft mit dem romantischen Fluss Sioule. John Phillips spricht übrigens nur Englisch. Für das Französische ist seine agile Gattin zuständig. **€**

Saint-Bonnet-près-Orcival
63210 Rochefort-en-Montagne
Tel. 0033/4/73658102
Fax 0033/4/73658127
http://perso.orange.fr/peupeu/auvergne/index.htm

Wie in einem Märchenbuch: Château de la Vernede bei Issoire, im 19. Jahrhundert im neogotischen Stil gebaut und heute ein reizendes Bed & Breakfast

• Auberge de Fondain

Hoch aufragendes und von Bäumen umgebenes Herrschaftshaus ca. zwölf Kilometer westlich von Orcival. Man wohnt in schlicht dekorierten Zimmern oder im Appartement für maximal vier Personen. Sophie und Danielle sind Spezialistinnen für Wanderungen und Mountainbiking und bieten auch Vollpension mit deftiger Auvergne-Küche. **€€**

Lieu-dit Fondain
63820 Laqueuille
Tel. 0033/4/73220135
Fax 0033/4/73220613
www.auberge-fondain.com

• Château de la Vernède

Rotes, neogotisches Schloss aus dem 19. Jahrhundert, sechs Kilometer südöstlich von Issoire. Die fünf sehr liebevoll mit Antiquitäten eingerichteten Zimmer haben Himmelbetten, Blümchentapeten und wunderbare Ausblicke auf den Schlosspark. Es gibt einen Billardraum und jede Menge gemütliche Ecken mit rustikalem Mobiliar. **€**

63500 Saint-Rémy-de-Chargnat
Tel./Fax 0033/4/73710703
www.chateauvernedeauvergne.com

ESSEN & TRINKEN

• Emmanuel Hodencq

Emmanuel und Viviane Hodencq führen dieses kleine Gourmetrestaurant mit Terrasse in der Innenstadt von Clermont-Ferrand, unweit von Notre-Dame-du-Port. Spezialitäten: Taube mit Gänseleberpastete, Trüffelgerichte.

Place Saint-Pierre
63000 Clermont-Ferrand
Tel. 0033/4/73312323
Fax 0033/4/73313600
www.hodencq.com

• Le Buron du Col de la Croix Morand

Dieses einfache Gasthaus mit Traumlage mitten im Naturpark, zehn Kilometer westlich von Saint-Nectaire, liegt auf einem Gipfel zwischen den Vulkanbergen und ist Andenkenladen, Verkaufsstätte für Kuhfelle und Gaststätte. Es gibt einfache Gerichte aus der Region, zubereitet mit viel Käse, die für die Wanderung ins Tal sättigen.

Col de la Croix Morand
63790 Chambon-sur-Lac
Tel. 0033/4/73221425

In der Gaststätte Auberge de la Vallée gibt es Spezialitäten der Auvergne, diese hier heißt Truffade

• Auberge de la Vallée

Die Herberge des Tales (so die wörtliche Übersetzung) sieht genauso aus, wie man sich eine Landgaststätte vorstellt: An einen großen, schlichten Esssaal grenzt eine kleine Theke, dahinter kann man einen Blick in die Küche werfen. Doch so einfach das Ambiente, so lecker das Essen. Es gibt »terroires« (also das, was die Gegend hergibt), das Rindersteak hauchzart, die Pommes frites ein Gedicht. Doch eigentlich sollte man hier eine Truffade essen, eine regionale Spezialität: Kartoffel-Käse-Gratin begleitet von geräuchertem Schinken und einem Salat mit Haselnüssen.

63210 Saint-Bonnet-près-Orcival
Tel./Fax 0033/4/73658070
So. abends geschlossen

* EXTRATIPPS

Regionalpark der Vulkane

In der Vulkanlandschaft der Auvergne liegt der größte Natur-Regionalpark Europas mit einer Ausdehnung von 395 000 Hektar. Er erstreckt sich über zwei Departements: Puy-de-Dôme und Cantal. Die aus Hunderten von großen und kleinen Vulkanen bestehende Region ist nicht nur ein Naturschauspiel, sondern auch ein Paradies für Mountainbiker und

Weiter Blick in die Vergangenheit: Die Felsen Tuilière *(links)* und Sanadoire im Naturpark der Vulkane entstanden vor zwei Millionen Jahren aus zähflüssiger Magma

Gut, dass die Trockenwurst aus der Metzgerei Coudene sich so lange hält – man wird viel davon kaufen. Es gibt sie mit Blaubeeren, mit Nüssen, mit Orange oder Zitrone verfeinert

Wanderer. Entlang der grün bewachsenen, schlafenden Riesen, die zwar seit Jahrmillionen vor sich hin schlummern, aber angeblich noch immer nicht hundertprozentig erloschen sind, gibt es Hunderte von Kilometern Wanderwege und auch geteerte Straßen für Freizeitsportler. Das Fremdenverkehrsamt in Clermont-Ferrand bietet Infos und geführte Touren durch den Regionalpark an, die vorab gebucht werden können.

Office de Tourisme
Place de la Victoire
63000 Clermont-Ferrand
Tel. 0033/4/73986500
Fax 0033/3/73900411
www.ot-clermont-ferrand.fr oder www.clermont-fd.com

Zwischenstopp in der Ardèche

Die Fahrt von der Auvergne in die Provence (siehe nächstes Kapitel) ist landschaftlich ein Traum, aber sie zieht sich. Autobahnen gibt es auf dieser Nordwest-Südost-Achse leider nicht, für die 500 Kilometer ist man mindestens acht Stunden auf kurvigen Landstraßen unterwegs. Daher empfehlen wir, die Strecke zu teilen, bei Aubenas zu übernachten – und zunächst einen Stopp in der Metzgerei Coudene bei Pradelles einzulegen (siehe unsere nächsten Tipps).

Metzgerei Coudene

Die perfekte Pause, ca. zehn Kilometer hinter Pradelles, direkt an der N 102: Wir sind nicht Einzigen, die vom Schild mit Hinweis auf preisgekrönte Würste angelockt wurden. In dem lang gezogenen Laden stehen die Kunden in Zweierreihen Schlange. Doch die Wartezeit braucht man auch, um das Angebot zu studieren: diverse Sorten luftgetrockneter Würste, riesige geräucherte Schinken, Einmachgläser voller Pasteten, Terrinen und regionale Spezialitäten wie die

NOUGAT de MONTELIMAR
LES CROQUETTES de NYONS
SUPREM'NOUGAT
G. Savin
fabrication artisanale
DECH

berühmten grünen Linsen aus Le Puy. Im Jahr 2006 hat die Metzgerei, gegründet 1950 von Jean-Baptiste Coudene, den goldenen Schinken und die goldene Wurst gewonnen plus den internationalen Preis für Trockenwurst. Welche wollen wir? Die mit Blaukäse, mit Blaubeeren, mit Nüssen, mit Orangensplittern, mit Zitrone oder die mit Ziegenkäse? Die vom Schwein oder die vom Esel? Oder doch lieber einen Schinken oder eine hausgemachte Fleischpastete? Wir bestellen großzügig. Bei Preisen von sechs bis acht Euro pro Wurst kann man nichts falsch machen. Und wir haben ja noch eine lange Fahrt vor uns.

07660 Lanarce
Tel. 0033/4/66694612
Fax 0033/3/66694345
Öffnungszeiten: tgl. 7 bis 20 Uhr

HINKOMMEN

Nach der Ortsausfahrt Orcival links auf die D74, durch La Martre bis Zanières. Rechts auf die D5 und rund 10 km bis Murol. Links auf die D996, bis Issoire (s. Seite 122). Nach der Stadt auf die D999 bis La-Chaise-Dieu und weiter auf die D906 nach Le Puy-en-Velay. Auf der Umgehungsstraße in Richtung Aubenas/Montelimar abbiegen: auf der N88 bis Pradelles und dann auf der Traumstraße N102 (nicht verpassen: den spektakulären Ausblick La Coulée de Thueyts mit Blick auf das Flusstal der Ardèche!) bis Aubenas. Gesamtstrecke: ca. 240 km

Aubenas

Aussteigen, Pause machen und flanieren in dieser reizenden mittelalterlichen Stadt, die auf einem Felsen hoch über dem Fluss Ardèche thront. Teile des Schlosses stammen noch aus dem 11. Jahrhundert.

ESSEN & TRINKEN

• Le Fournil

Dieses Restaurant unter einem mittelalterlichen Gewölbe und in einem Hof aus dem 15. Jahrhundert sieht aus wie ein historisches Monument. Doch man kann darin ganz normal essen – und zwar gut! Küchenchef Michel Leynaud zaubert Köstlichkeiten vom Lamm, vom Hühnchen oder mit Jakobsmuscheln.

34, rue du 4 Septembre
07200 Aubenas
Tel. 0033/4/75935868
www.restaurant-le-fournil.com

Zwischenstopp im Mittelalter: das Städtchen Aubenas, hoch auf einem Kalksteinfelsen über dem Fluss Ardèche. Jeden Samstagvormittag ist Markt in den Gassen rund ums Schloss

ÜBERNACHTEN

• Château Clément

Das weiße Schloss mit seinen charakteristischen Türmen gehörte früher Monsieur Auguste Clement, der sein Geld damit verdiente, das Mineralwasser von Val-les-Bains unter die Leute zu bringen. Heute hat das Gemäuer, rund sieben Kilometer nördlich von Aubenas, vier Gästezimmer und eine Suite. Auf altem Parkett und unter hohen Decken schlummert man in Himmelbetten und nimmt sein Bad in den frei im Raum stehenden Badewannen. Oder draußen im Pool im drei Hektar großen Park. **€€**

07600 Vals-les-Bains

Tel./Fax 0033/4/75874013

www.chateauclement.com

Vorsicht, Täuschung: Was auf den Feldern wächst, ist meist gar kein Lavendel, sondern Lavandin. Worin der Unterschied besteht, das lernt man auf dieser Route

Provence

Im Land des Lavendels

Gutes Timing ist alles, wenn man Lavendelfelder in voller Blüte erleben möchte. Doch auch wenn man zu früh oder zu spät kommt – auf dem Hochplateau von Valensole gibt es genug zu sehen, zu riechen, zu schmecken …

HINKOMMEN

Von Aubenas auf der N 102 nach Montelimar. Hier weiter auf der D4 bis Grignan (sehr schöne Strecke!) und dort links auf die D941/D541 nach Nyons. Dann auf der »Route des Vins« D94 (Richtung Gap) rund 65 km bis Serres, weiter auf der N75 bis Sisteron. Parallel zur Autobahn auf der N85/N96 bis Manosque fahren und dort über die Autobahn auf der D907 und der D6 nach Valensole. Gesamtstrecke: ca. 260 km

Jeder zweite Reiseführer Frankreichs (und auch dieser) hat natürlich sie auf dem Titelblatt: die kräftig violetten Lavendelfelder der Provence. Doch die wenigsten Reisenden bekommen sie auch in Wirklichkeit zu sehen: Die Provence ist groß, und der Lavendel nicht unbedingt dort, wo man auf der Fahrt ans Meer vorbeikommt. Die Anbaugebiete des Lavendels liegen nördlich von Toulon, am Rand des Luberon und im Pays du Verdon. Das blühende Epizentrum ist das Hochplateau rund um den Ort Valensole, einer wie mit dem Nudelholz platt gewalzten, ziemlich baumlosen Gegend mit scheinbar endlosem Horizont. Genau dort wollen wir ins violette Meer eintauchen, doch ...

EIN ZAUBERKRAUT: GUT FÜR DIE NERVEN, GUT GEGEN UNGEZIEFER

»... Sie kommen zu spät«, entmutigt uns der Lavendelbauer und -destillierer Jean-Paul Angelvin am Telefon, als ich unseren Besuch ankündige. »Violett ist hier nichts mehr. Wir haben schon geerntet. Die beste Zeit, blühende Felder zu sehen, ist die letzte Juniwoche. Vorher blüht noch nicht alles, und eine Woche später ist alles schon wieder weg. Aber kommen Sie trotzdem. Zu sehen gibt es immer was.«

Angelvins Hof liegt inmitten der endlosen Felder weit vor den Toren des ebenso hübschen wie verschlafenen Dorfes Valensole. Das schmucklose, gelb getünchte Haus mit violetten (was sonst!) Türen und Fensterläden hebt sich schon von Weitem vom tiefblauen Himmel ab. Kaum stoßen wir die Tür zum Verkaufsraum auf, strömt uns aus den Duftkissen, Seifen und Trockensträußen der würzige Lavendelgeruch entgegen.

Der braun gebrannte Hausherr trägt Charakterkopf, Muskelshirt und eine abgeschnittenen Jeans. »Bevor wir aufs Feld gehen, erkläre ich Ihnen erst mal den

Kleines Dorf, großer Duft: Valensole liegt auf einem Hochplateau, umgeben von endlosen Lavendelfeldern

Unterschied zwischen Lavendel und Lavandin. Denn was Sie nachher sehen werden, ist kein Lavendel, sondern vor allem Lavandin. 80 Prozent der Felder von Valensole sind mit Lavandin angebaut, einer Kreuzung zwischen Aspic, also wildem Lavendel, und echtem Lavendel. Der Hybride riecht intensiver, frischer und ist besser geeignet für die pharmazeutische und kosmetische Verarbeitung.« Und woran erkennt man Lavandin? An der buschigen Rundform und der reicheren Anzahl der Blütenstängel. Die Blüten selbst seien kleiner als beim echten Lavendel, aber zahlreicher, sagt Monsieur Angelvin. »Lavandin ist nervenberuhigend und wirkt antiseptisch. Er eignet sich vor allem für Inhalation und Massage, er hilft bei Verbrennungen und gegen Parasiten.« Und der echte Lavendel? Der Experte lächelt milde: »Der ist viel öliger und weicher im Geruch. Sogar leicht süßlich. Für den interessieren sich vor allem die Parfümeure.«

»Lavendel mag es trocken«, sagt Jean-Paul Angelvin, »aber er braucht viel Wasser, wenn er wächst.« Die anhaltende Dürre bereitet dem Bauern Sorgen

Direkt am Parkplatz vor dem Hof beginnen die Felder, doch der Lavendelbauer winkt ab. »Wir fahren kurz zu den Nachwuchspflanzen. Dort gibt es wenigstens noch ein paar Blüten zu sehen.« Holprig geht es ein paar Kilometer auf den unbefestigten Feldwegen zu den Äckern mit dem jungen Lavandin und Lavendel. Einzelne zarte Blüten wiegen sich im Spätsommerwind. Leichter Lavendelgeruch mischt sich mit einem erdigen Grundton. Rostroter Staub legt sich auf unserer Schuhe. »Seit drei Jahren haben wir Trockenheit«, sagt Angelvin. »Das ist nicht gut. Lavendel mag es zwar gern trocken, aber wenn er wächst, braucht er viel Wasser.« Rund zwei Jahre dauert es, bis eine Pflanze geerntet werden kann. Und auch dann gönnt man ihr viel Ruhe. »Zwischen der Ernte und dem wichtigsten Wachstumsmonat April entfernen wir nur das Unkraut. Die Pflanze selbst rühren wir nicht an.« Acht Jahre

Zwei Jahre muss Lavendel wachsen, bis er geerntet wird. Dann hat er erst mal Ruhe

Ein magischer Ort – aber nur Anfang Juli. Dann wird in der rostigen Anlage von Jean-Paul Angelvin der Lavendel destillliert. *Rechts:* der Laden bei Valensole

beträgt die durchschnittliche Lebensdauer. Danach wird der buschige Stock verbrannt und durch junge Pflanzen ersetzt. »Das Parfüm ist in den Mikrokapseln der Blüten versteckt«, erklärt Monsieur Angelvin und zerreibt eine abgerissene Ähre zwischen seinen Händen. Starke Duftwellen strömen auf. »Dieser Geruch wird in der Destillation aufgefangen.«

Die Destillationsanlage hat den Charme eines Skilifts im Sommer: ein Wirrwarr aus offenen Scheunen, rostigen Metallbottichen und Abflussrinnen. »In der ersten Juli-Woche, wenn wir destillieren, breitet sich der Lavendelduft kilometerweit aus. Überall liegen dann die violetten Blüten. Das ist magisch«, schwärmt Jean-Paul Angelvin. Wir versprechen wiederzukommen, bevor wir weiterfahren zu den Lavendelfeldern von Puimoisson.

DIE FELDER VON PUIMOISSON: LAVENDEL BIS ZUM HORIZONT

Auf der kleinen, nahezu kerzengeraden Landstraße D56 ist unser Auto das einzige. Links und rechts der Straße breiten sich die Lavendelfelder aus. Nichts als Lavendelfelder. Kein Baum, kein Strauch stört die schier unendliche Symmetrie der wie mit dem Lineal gezogenen kniehohen Pflanzenreihen, die sich in einem nahezu perfekten Halbrund bis zum Horizont erstrecken. Es ist unglaublich still. Einzig ein leichter Wind summt vor sich hin und lässt die wenigen Halme, die sich noch in die Höhe strecken, schwanken. Auch nach der Ernte verströmen die abgeschnittenen, borstigen Büsche einen intensiven Lavendelgeruch. Wie muss es hier erst im Juni duften!

Der berühmte Parfümeur Jean-Paul Guerlain bezeichnete den Lavendel als »eines der nobelsten und wunderbarsten Produkte, die es im Sortiment der Ölessenzen gibt«. Das war in den 60er-Jahren, als die La-

HINKOMMEN

Achtung: Um die schönsten Lavendelfelder zu sehen, muss man eine bestimmte Route nehmen! Und zwar diese: In Valensole durch den Ort in Richtung Riez auf die D6. Kurz nach Ortsende links weg auf die D56. Diese Straße führt quer durch die Felder direkt nach Puimoisson, ca. 20 km

VENTE
LAVANDE
UVERT
Entrée libre

Lavendel auf der Haut: Überall in den Läden und auf den Höfen gibt es die herrlich duftende Seife zu kaufen – ein Stück Provence fürs Badezimmer

vendelproduktion Rekordhöhen erreichte. Auch heute ist Frankreich mit Abstand das wichtigste Anbaugebiet für die Heilpflanze, die schon die Griechen und die Römer zu schätzen wussten. 70 Prozent der Weltproduktion für Lavendelöl und sogar 90 Prozent für Lavandinöl stammen aus den Anbaugebieten in den vier Départements Alpes-de-Haute-Provence, Drôme, Vaucluse und Hautes-Alpes. Aber die Konkurrenz aus Bulgarien, Rumänien und auch China drängt auf den Markt. Frankreich versucht, mit einem qualitativ höheren und völlig unbehandelten Bio-Lavendel seine Vormacht zu verteidigen. Doch nur zehn Prozent der rund 5000 Hektar Lavendelfelder sind heute »bio«, bei Lavandin sind es nur 300 von insgesamt 17500 Hektar. Einige Biofelder liegen auch hier auf dem Hochplateau von Valensole, über das sich gerade die späte Nachmittagssonne neigt. Die eigentlich bläulich-grünen Büsche sind nun in zartes Gelbgold getaucht. Eine Stimmung, fast so schön wie in der Blütezeit.

ADRESSEN

LAVENDEL IN JEDER FORM

- **Lavandes Angelvin**

Lavendelfarm mit Hofladen und einzige Destillieranlage auf dem Hochplateau von Valensole. Besichtigung der Destillieranlage nur nach Vereinbarung in der Zeit vom 14. Juli bis 10. August oder ganzjährig für Gruppen.
Campagne Neuve
04210 Valensole
Tel./Fax: 0033/4/92748053
http://lavandesangelvin.site.voila.fr
Öffnungszeiten: Juni bis Mitte September
9 bis 12 und 14 bis 19 Uhr

Lavendel für den Gaumen: Das Maison des produits bietet Spezialitäten der Region – und man darf die 20 Sorten Lavendelhonig auch alle probieren

• Maison des Produits de Pays du Verdon

Die architektonisch wenig gelungene Verkaufsstätte für »Produkte aus der Region Verdon« liegt 13 Kilometer südlich von Puimoisson direkt an der Straße zwischen Riez und Allemagne-en-Provence und ist, ihrem Aussehen zum Trotz, unbedingt einen Besuch wert. Hier gibt es Produkte von 40 Herstellern aus der Region – Maronencremes, Basilikumpasteten, Naturseife, Olivenöl, Wein, Käse, Parfüms, Töpfergeschirr, Holzspielzeug … Und rund 20 verschiedene Lavendelhonige, die mit Holzlöffelchen probiert werden können. Die Erzeugerinitiative muss keinen Gewinn erwirtschaften, die Preise sind deshalb nahezu die gleichen wie direkt auf den Höfen.

04500 Allemagne-en-Provence
Tel. 0033/4/92774024
Fax 0033/4/92774958
Öffnungszeiten: Juli bis September tgl. 9.30 bis 20 Uhr, sonst 10 bis 12 und 14 bis 18.30 Uhr, Januar geschl.

Ausflug in die Geschichte: Das Château d'Allemagne-en-Provence, dessen Bau im 12. Jahrhundert begann, kann besichtigt werden. Noch schöner ist es aber, dort zu wohnen

ÜBERNACHTUNG

• La Bastide de l'Adrech

Im hübschen Ort Manosque liegt dieses alte Herrenhaus aus dem 18. Jahrhundert. Géraldine und ihr Mann Robert Le Brozec bieten fünf mit Antiquitäten eingerichtete Zimmer mit Parkblick an. Und weihen ihre Gäste gern auch in die Feinheiten der französischen Küche ein. Für 30 Euro erhält man von Robert, der früher als Koch arbeitete, drei Stunden Wissen über Trüffel, Champignons, Geflügel oder Wild. Außerdem gibt es Themenwochenenden mit Picknick, bei denen man Robert auf seinen Streifzügen durch das Luberon begleitet, oder zum Thema Rose, bei denen mit dem Gastgeber zusammen Delikatessen aus Rosenblättern gezaubert werden. **€€**

Avenue des Serrets
04100 Manosque
Tel. 0033/4/92711418
Fax 0033/4/92711416
www.bastide-adrech.com

• Château d'Allemagne-en-Provence

Verwunschen gelegenes Schloss mit einem Turm aus dem 12. Jahrhundert und Renaissance-Anbauten. Hübsches Interieur (Treppenaufgang und Kamine) und großer Park mit seltenen Pflanzen und altem Baumbestand. Das Château kann nicht nur besichtigt werden, man kann darin auch Hochzeiten feiern, und: Die Besitzer vermieten drei opulent ausgestattete Zimmer und wochenweise ein separates, ebenfalls historisches Gästehaus. **€€**

04500 Allemagne-en-Provence
Tel. 0033/4/92774678
Fax 0033/4/92777384
http://perso.orange.fr/himmel/index.htm
Öffnungszeiten: Juli bis Mitte September tgl. außer Mo. 16 bis 17 Uhr, sonst nur am Wochenende 16 bis 17 Uhr, November und Ostern geschlossen

Die Besitzer der Domaine de Bertrandy hatten einen Traum: Sie wollten in den Süden. Wer auf ihrem Anwesen zu Gast ist, hat diesen Traum bald auch

• Domaine de Bertrandy

Versteckt in einem grünen Tal zwischen Riez und Allemagne-en-Provence liegt das Natursteinhaus ganz im provenzalischen Stil. Den zum Gästehaus umgebauten Bauernhof mit Lavendelfeld, Weizenfeld und Swimmingpool hat das Ehepaar Sylvie und Pierre Laury Anfang 2006 übernommen. Der gelernte Drucker und seine Frau, die vorher einen Führungsposten an der angesehenen Management-Schule INSEAD in Fontainebleau hatte, verwirklichten sich ihren Lebenstraum: Sie wollten in den Süden. Statt angehende Manager auszubilden, kümmert sich Sylvie nun um ihre Gäste in den fünf, sehr geräumigen Gästezimmern, der Suite und den fünf Gästehäusern. »Das ist genauso anspruchsvoll, wie eine Schule zu verwalten«, sagt sie, während sie den Abendtisch deckt. Denn da die meisten Gäste lieber ihre Hausmannskost am großen Tisch auf der Terrasse zum Zirpen der Grillen einnehmen, als mit dem Auto durch die wenig beleuchtete Pampa bis zum nächsten Restaurant zu fahren, haben Sylvie und Pierre jetzt auch noch einen Nebenjob als Köche. **€**

04500 Allemagne-en-Provence
Tel. 0033/4/92778358
www.bertrandy.com

• Hostellerie de la Fuste

Die Villa mit den großen Fenstern liegt in einem großen Parkgrundstück mit altem Baumbestand. Bei der Zimmerdekoration kann man zwischen schlicht oder opulent wählen. Allen Zimmern gemein ist ein traumhafter Gartenausblick. Es gibt ein Schwimmbad und ein angeschlossenes Restaurant für ein schickes Candle-Light-Dinner. **€€**

Lieu-dit La Fuste
04210 Valensole
Tel. 0033/4/92720595
Fax 0033/4/92729293
www.lafuste.com

ESSEN & TRINKEN

• Le Luberon

Ein typischer Restaurantbesuch in der Provence hat folgende Zutaten: eine schattige Terrasse, frische Salate und mit Kräutern gewürzte Gerichte. All das bietet Jean-Pierre de Greeter im hübschen Manosque. Er ist spezialisiert auf Schneckengratin und Lamm aus dem Sisteron.

21 bis, Place du Terreau
04100 Manosque
Tel. 0033/4/92720309
So. abends und Mo. geschlossen, außerdem vom 1. bis 7. Okt.

Ein historisches Landhaus, eine der Top-Adressen der Provence: die Bastide de Moustiers von Star-Koch Alain Ducasse

• La Bastide de Moustiers

Starkoch Alain Ducasse hat in diesem entzückenden Bauernhof aus dem 18. Jahrhundert, 13 Kilometer südwestlich von Puimoisson, das Herz seines kleinen Gourmet-Imperiums: ein luxuriöses Hotel-Restaurant mit zwölf Zimmern. Küchenchef Eric Santalucia (natürlich ein Ducasse-Schüler) serviert draußen oder drinnen (etwa im Kaminzimmer oder im Salon der Verliebten) Köstlichkeiten aus Artischocken, Oliven, Ziegenkäse und Fisch. 2002 bekam er einen Michelin-Stern.

Chemin de Quinson
04360 Moustiers-Sainte-Marie
Tel. 0033/4/92704747
Fax 0033/4/92704748
www.bastide-moustiers.com
Mi. und Do. geschlossen, außerdem von 15. Dez. bis 1. März

• Le Relais

Dieses Lokal mitten im Dorf ist wie die Kulisse zu einem Film. Von der Fassade blättert der Putz, unter der verblichenen Markise steht mit verschränkten Armen und Schürze um die Hüften der Besitzer Michel Stenier. Er wartet. Darauf, dass ein Auto vorbeifährt und zufällig Gäste vorbeikommen. Ab

und an trinkt ein Einheimischer im kühlen Lokal einen Pastis. Wir sitzen draußen, in der Hitze, mit Blick auf das Schloss. Michel kann über so viel Dummheit nur schmunzeln, bleibt aber höflich und weist auf die Tafel, die exakt zwei Mittagsgerichte anbietet. Wir nehmen den Klassiker: Entrecôte mit Pommes und Salat. Michel nickt, serviert und fragt am Schluss: »Wollt ihr noch ein Eis oder einen Kaffee?« Wir wollen beides. Der Kaffee ist selbst gemacht, das Eis ein Tütchen aus der Gefriertruhe. Wir blinzeln in die Sonne und sind glücklich. So einfach das Le Relais auch ist, es hat so viel Charme wie manches Sterne-Restaurant.
04500 Allemagne-en-Provence
Tel./Fax 0033/4/92774757

Die Originale der Provence: Auf einer Tour durch den Luberon wird man sich verlieben: in die Weite der Landschaft und den Charme ihrer Bewohner

✶ EXTRATIPP

Radfahren im Luberon

Wer genug vom Autofahren hat, kann aufs Fahrrad umsteigen und so die Gegend der Lavendelfelder erkunden: auf eigene Faust oder geführt. Der Verein Vélo Loisir en Luberon bietet im Natur-Regionalpark eine Rundtour von 236 Kilometern an, man kann auch Teilstrecken fahren und sich dann wieder abholen lassen. Karten, Routen, Pannenhilfe, Gepäcktransport, Picknick – alles organisieren Vélo Loisir und seine Vertragspartner in allen größeren Orten.
www.veloloisirluberon.com

Radverleih in der Nähe des Lavendelplateaus:
Guy Bachelas
24, Boulevard de la Plaine
04100 Manosque
Tel./Fax 0033/4/92721584
www.bachelas-cycles.com

Stillleben in seinem letzten Atelier: Das Obst ist frisch, der Rest historisch. *Rechts:* der Eingang zu den Steinbrüchen, in denen Cézanne viele Motive fand

Aix-en-Provence

Malerische Spurensuche

Die Gemälde von Paul Cézanne hängen in der ganzen Welt. Seine Heimatstadt besitzt kein einziges. Aber dafür gibt es hier Orte, die uns den Künstler näher bringen als jedes gut bestückte Museum

HINKOMMEN

Von Allemagne-en-Provence auf der D952 rund 20 km über Gréoux-les-Bains bis Vinon-sur-Verdon. Dort auf der D554 bis Ginasservis, beim Kreisel erste Abfahrt auf die D23/D3 nach Rians. Den Ort durchqueren und nach 3,5 km rechts wieder auf die D23. Nach 12 km in Pourrières rechts auf die D623/D57D bis Puyloubier. Dort entweder den 70 km langen »Circuit Cézanne« beginnen (siehe Extratipp S. 167) oder über St-Antonin-sur-Bayon und Le Tholonet auf der D17 rund 20 km bis Aix-en-Provence

Der große Run ist vorbei, die Meisterwerke sind wieder heimgekehrt in ihre Museen nach Paris, Philadelphia oder St. Petersburg. Nach den Feierlichkeiten zum 100. Todestag des Malers Paul Cézanne im Jahr 2006, dem sogenannten Cézanne-Jahr, ist in die pittoreske Universitätsstadt Aix-en-Provence wieder Normalität eingekehrt: Das Musée Granet zeigt statt der wertvollen, geliehenen Meisterwerke wieder seine eigene ständige Sammlung. Die Schlangen im Fremdenverkehrsamt sind wieder auf ein normales Maß geschrumpft. Die ganz normalen Provence-Touristen haben die Kulturpilger abgelöst und sitzen auf den Terrassen der Cafés.

Was also bleibt vom großen Cézanne-Jahr? Sehr viel. Denn neben der zwei Meter großen Bronzestatue an der Place de la Rotonde, die dem 1839 geborenen, berühmtesten Sohn der Stadt endlich ein Denkmal setzt, gibt es drei neue Sehenswürdigkeiten, die uns einladen, auf seinen Spuren zu wandeln.

Die Cézanne-Rundfahrt in der Umgebung von Aix, der Zutritt zu seinem früheren Wohnhaus und die Wanderung durch den Steinbruch von Bibémus, wo der Maler seine Motive fand – all das ist erst seit 2006 möglich. Bernadette Marchand von der Tourismusbehörde sagt: »Aix-en-Provence hatte Cézanne vernachlässigt. Seine wichtigsten Werke hängen eh woanders. Erst durch die Feierlichkeiten hatten wir zum Beispiel die Mittel, den Zutritt zu seinem Wohnhaus Le Jas de Bouffan möglich zu machen.«

HINKOMMEN

Zum Jas de Bouffan: Von der Tourismuszentrale an der Place du Géneral de Gaulle an der Haltestelle Rotonde St-Christophe Bus Nr. 6 nehmen Richtung Jas de-Bouffan-Margueride. Aussteigen an der Haltestelle Corsy

DAS HAUS, IN DEM ER WOHNTE: EIN JUNGER STUDENT UND SEINE ERSTEN MALVERSUCHE

Die stattliche Villa Le Jas de Bouffan lag einst vor den Toren der Stadt, umgeben von Bauernhäusern und

Die Villa Le Jas de Bouffan lag einst vor den Toren der Stadt. Hier lebte der Maler 40 Jahre lang

Feldern. Heute jedoch brausen einen Steinwurf entfernt die Autos über die mit Betonpfeilern in die Höhe gehobene Autobahn. Auch in der von großen Bäumen begrenzten Auffahrtsallee zur Villa ist das Verkehrsrauschen noch leicht zu hören, doch die Vögel aus dem angrenzenden Park zwitschern munter gegen den Lärm an.

1859 erwarb Cézannes Vater, Louis Auguste, ein erfolgreicher Bankier, das damals 14 Hektar große Anwesen. Der junge Paul, 20 Jahre alt und noch Jura-Student, nutzte den großen Garten und die ländliche Umgebung für seine ersten Malstudien. Der Autodidakt porträtierte seinen Vater und interpretierte die klassischen Motive der Antike. Doch bei seinen Eltern kamen Cézannes künstlerische Neigungen gar nicht gut an. Sie machten sich Sorgen um die Zukunft ihres Sohnes, erlaubten ihm aber trotzdem, unter dem Dach ein kleines Atelier einzurichten und später die Wände des großen Salons

Cézannes Eltern machten sich große Sorgen: Statt Jura diese brotlose Kunst?

Die Fresken aus dem großen Salon der Villa hängen heute in Museen in aller Welt. Diaprojektionen zeigen Cézannes Gemälde und Aquarelle

mit Fresken zu bemalen. Paul Cézanne wählte als Motiv die vier Jahreszeiten, die er, großformatig und noch ein bisschen ungelenk, in Form klassischer Frauenmotive direkt auf die Wände pinselte. Die Fresken wurden 1912 entfernt und hängen heute in Museen. Im Inneren der Villa sind keine Originale mehr zu sehen.

Im Jas de Bouffan lebte Cézanne mit Unterbrechungen über 40 Jahre lang, bis er es nach dem Tod seiner Mutter im September 1899 verkaufte. »Danach ging das Haus von einer Hand in die andere. Deshalb sind keine Originalmöbel oder sonstige Erinnerungsstücke geblieben«, erklärt uns die Museumsführerin Christiane Zemb. Um trotzdem ein wenig vom früheren Glanz zurückzugewinnen, werden die Fresken deshalb mit Diaprojektionen an ihren angestammten Platz zurückgebracht. Auch die anderen leeren Wände im großen Salon dienen als Leinwand. Cézannes Lebenswerk, seine berühmtesten Ölgemälde und Aquarelle, passieren Revue. »Im Augenblick ist dieser Raum – abgesehen vom Park – das Einzige, was man in der Villa besichtigen kann«, sagt Madame Zemb. Doch das Anwesen wird peu à peu renoviert, und weitere Räume sollen rekonstruiert werden.

Großformatig und ungelenk: Cézannes erste Fresken an den Wänden des Salons

Am Ende der Schau stimmen uns die Gemälde des Hauses und der Kastanienbäume auf den Rundgang draußen ein. Es ist einfach, Cézannes Motive im Park wiederzufinden. Da ist der Ententeich, dort die Allee, selbst das Laub liegt wie auf den Gemälden dekorativ auf dem Rasen vor dem Haus. Nur die Bäume und ihre Schatten sind größer geworden, und die Ausblicke über den Gartenzaun fehlen.

Aber das ist gut so: Wo einst entfernt Bauernhäuser zu sehen waren, würde man heute nur auf Büro- und Industrieanlagen blicken. Doch die sind gut versteckt hinter einer hohen Hecke.

HINKOMMEN

Zum Atelier des Lauves: Von der Tourismuszentrale an der Place du Géneral de Gaulle zur Bushaltestelle an der Avenue Victor Hugo laufen. Dort Bus Nr. 1 nehmen und bis Haltestelle Portail Cézanne fahren. Von dort sind es nur wenige Meter

STILLLEBEN MIT OBSTKORB: SEIN LETZTES ATELIER

Das Atelierhaus ließ Cézanne 1901 bauen – und stritt sich mit den Architekten, die es allzu opulent ausstatten wollten

Wesentlich mehr als in seinem Wohnhaus gibt es in Cézannes letztem Atelier zu sehen. Das Atelier des Lauves liegt im Norden der Stadt und atmet wie kein anderer Ort den Geist des Malers. Seine kreative Wirkungsstätte nimmt den ganzen ersten Stock des kleinen Landhauses ein, das Cézanne 1901 mit dem Erbe seiner Mutter an die Stelle eines alten Bauernhaus errichten ließ. Die Bauarbeiten zogen sich über zehn Monate hin und raubten dem Maler den letzten Nerv. Denn die Architekten, die ganz im Stil der Epoche die Wände mit Stuck verzierten und am Boden Fliesen verlegten, handelten gar nicht im Sinn des Bauherrn. Cézanne war über diese unnötigen Verzierungen außer sich und ließ den Stuck wieder abschlagen und einen einfachen Holzboden verlegen. Aus viererlei Farben mischte er ein Grau, mit dem er die Wände bestrich. So schaltete er alle möglichen Lichtreflexe aus, die ihn beim Malen hätten stören können.

Wir flanieren durch den großen Raum mit seinen hohen Fenstern, aus denen wir weit über den völlig zugewachsenen Garten bis hinüber auf die Innenstadt von Aix-en-Provence blicken können. Neben dem großen Atelierfenster im Norden entdecken wir eine lang gestreckte Luke in der Wand. Durch diese

Pittoreskes Sammelsurium im Atelier des Lauves: alte Möbel, Totenköpfe und Cézannes Sonnenliege

Öffnung wurden die großformatigen Bilder nach draußen geschafft. Eine praktische Idee, die später Pablo Picasso nachahmte.

Im Atelier des Lauves, das selbst an diesem sonnigen Tag von kaltem Nordlicht durchströmt wird, versammelte Cézanne alles, was ihm lieb und teuer war. Überall sind noch die Dinge zu sehen, die er selbst in seinen Händen hielt: der Zirkel und die Vergrößerungsgläser in der mit einer Glasscheibe abgedeckten Schublade, die Totenköpfe auf dem Regal, die er aus Marseille mitbrachte. Sein Mantel, den er auf den alten Schwarz-Weiß-Fotografien trägt, hängt noch an der Garderobe in der Ecke. Der Obstkorb, der auf vielen Stillleben verewigt ist, stammt von seinem engen Freund und Schulkameraden, dem Schriftsteller Emile Zola.

Abgenutzte, einfache Tische, Stühle und die hohe Leiter zeugen von der strengen Arbeitsatmosphäre, die in diesem Raum einst herrschte und die Paul Cézanne in einem Brief an seinen Sohn in Paris so beschrieb: »Ich fühle mich geschwächt, nur die Malerei hält mich aufrecht. Man muss weitermachen. Alle Skizzen und Malereien mache ich nach der Natur.«

In seinen letzten Lebensjahren folgte der Maler einem klar strukturierten Tagesablauf: Er stand sehr früh auf und machte sich mit Hut und Spazierstock auf den kilometerlangen Weg von seinem Wohnhaus in der Rue Boulegon zum Atelier am Hügel Lauves, das damals weit entfernt von der Stadt einsam an einer Schotterstraße lag. Von sechs Uhr morgens bis halb elf malte er, dann ging er zurück in die Stadt, aß einen Happen und machte sich mit Staffelei und einem Rucksack voll mit Malerutensilien auf in die Umgebung, wo er bis fünf Uhr nachmittags Motive studierte. Bei einem dieser Ausflüge zog ein Gewitter auf. Cézanne holte sich eine schwere Lungenentzündung und starb eine Woche später, am 22. Oktober 1906. Nach seinem Tod wurde das Atelier, in dem viele seiner wichtigsten Werke entstanden – unter anderem »Les Grandes Baigneuses«, das heute in der National Gallery London hängt –, sich selbst überlassen. Der Garten, in dem Cézanne Feigen- und Olivenbäume gepflanzt hatte, verwilderte.

An seinen Sohn: »Ich fühle mich geschwächt, nur die Malerei hält mich aufrecht«

1921 erwarb der engagierte Heimatpfleger Marcel Provence das Haus, in dem er selbst bis zu seinem Tod wohnte. 1952 gründeten zwei Amerikaner dann das »Cézanne Memorial Comittee«, retteten das Haus vor dem Verfall und übereigneten es 1969 der Stadt.

Gut, dass es so gekommen ist, denken wir, als wir völlig verzaubert nach der rund einstündigen Führung (und ohne Abstecher in den überlaufenen Museumsshop) aus dem Haus treten und uns erschöpft auf einen der Gartenstühle im Schatten plumpsen lassen. Vögel zwitschern, Kinder streifen kichernd durch das Gestrüpp und spielen Verstecken. Manche Besucher packen auf dem weißen Metalltisch vor dem Eingang ihre mitge-

Sonnenblumen, so weit das Auge reicht – auch diese Felder gehörten zu Cézannes Motiven

Im stillgelegten Steinbruch Carrières de Bibémus mietete Cézanne 1896 eine Hütte, um dort zu malen

brachten Baguettes aus. In Cézannes Atelier ist wieder Leben eingezogen. Würde der Maler noch leben, hätte er wahrscheinlich aus dem ersten Stock einen kurzen Blick auf den Trubel geworfen, sich seinen dichten weißen Bart gekratzt, dann seinen Rucksack gepackt und wäre geflüchtet – ab in die Stille. In den Steinbruch.

CHAOS IM STEINBRUCH: DIE EINSAMKEIT DES MALERS UND DAS SPIEL DER FARBEN

1896 mietete sich der Maler eine kleine Hütte im entfernt von der Stadt gelegenen, aber zu Fuß erreichbaren Steinbruch (frz.: carrière) Bibémus, um Naturstudien zu betreiben. Der wilde Ort war damals schon seit Jahrzehnten stillgelegt, die Natur eroberte ihr Terrain zurück. Als Cézanne hier seine Staffelei aufstellte, sah es deshalb nur wenig anders aus als heute. Nämlich unaufgeräumt. Beim Abbau waren die Steinbrucharbeiter anscheinend recht wild und ohne erkennbares System vorgegangen. Sie hatten mit ihren Pickeln wahllos Steine aus dem weichen Kalksteinmassiv gehauen und ein Wirrwarr von verstreuten, oft nur zur Hälfte abgebauten Felsblöcken hinterlassen. Beim Spaziergang müssen wir deshalb mehr als einmal den Kopf einziehen, unter Felsvorsprüngen hindurchschlüpfen oder uns durch künstlich geschaffene Passagen zwängen.

Zwischen 1895 und 1904 malte Cézanne hier elf Ölbilder und 16 Aquarelle. Aber nur fünf Motive sind noch klar auszumachen. Um sie identifizieren zu können, gibt es am Eingang eine großformatige Karte mit einem Plan und den dazugehörigen Cézanne-Bildern. Ab der Minute, in der wir das Empfangshaus verlassen, stehen wir in der freien Natur. Vor uns Wald, rechts und links auch. Es riecht nach Holz, Harz, Pilzen, feuchter Erde. Ein kleiner ausgetretener Pfad weist den Weg.

HINKOMMEN

Zum Steinbruch: Vom Altstadtring (Boulevard Aristide Briand und Cours St-Louis) in Aix abbiegen auf die Avenue Sainte-Victoire. Nach 0,6 km geht diese in die Avenue Jean et Marcel Fontenaille über. Nach 1,5 km parken (Les-Trois-Bons-Dieux) und zu Fuß zu den Carrières de Bibémus gehen. Es gibt auch begrenzte Parkmöglichkeiten direkt beim Eingang

Im Atelier hängt noch der Rucksack für Cézannes Exkursionen. *Rechts:* Den weichen Kalkstein im Steinbruch nutzen heute Künstler für ihre Skulpturen

Die Einsamkeit und Stille nach dem Lärm in der Stadt tun gut. Der Parcours führt uns über den weichen und moosigen Waldboden, durch eine Sandgrube, durch lichte Pinienwälder bis zu Cézannes kleiner Hütte nahe eines schroffen Felsabhangs, unter dem sich dichter Laubwald ausbreitet und dessen schöne Aussicht nur durch ein weit entferntes Heizkraftwerk gestört wird.

Von der Hütte sind es wenige Meter bis zum ersten Motiv, dem roten Felsen. »Le Rocher Rouge« hängt heute in der Orangerie in Paris. Als wir das Bild mit seiner reellen Vorlage vergleichen, sind wir verblüfft. Denn was wir als künstlerische Freiheit eingeschätzt hatten, ist keine: Der echte rote Felsen ist genauso rost-orange-rot wie auf dem berühmten Gemälde.

Über eine enge Kurve geht es weiter wie bei einem Abenteuerpfad über Holztreppen und unter Felsvorsprüngen hindurch zum nächsten Punkt, dem Blick vom Steinbruch Bibémus auf das imposante Bergmassiv von Sainte-Victoire (heute unter anderem im Museum of Art in Baltimore).

Nach einer kurzen Suche finden wir das Motiv: Versteckt hinter den Baumwipfeln lugt die weiße, dramatische Kalksteinformation hervor. Die Helle des Bergmassivs gibt einen wunderbaren Kontrast zu den roten Felsen des Steinbruchs und den umgebenden grünen Pinien. Kein Wunder, dass Paul Cézanne dieses Farbzusammenspiel um seinen »Hausberg« immer wieder und aus den verschiedensten Blickwinkeln auf die Leinwand bannte. Die nächsten Motive zeigen das Chaos im Steinbruch. Bilder mit dem Titel »La Carrière de Bibémus« hängen heute in den USA, eines ist in Privatbesitz in Kansas City, ein anderes ist Teil der Barnes Foundation. Insbesondere letztes Bild wird als ein sehr bedeutendes Werk Cézannes eingeschätzt, denn es zeigt, dass der Maler sehr früh vom Ku-

Sein strenger Stundenplan: Malen von sechs bis elf, Mittagessen, Motive studieren

»La Carrière de Bibémus«: Mit den grob und kantig gemalten Formen nahm Cézanne den kubistischen Stil vorweg

bismus beeinflusst wurde beziehungsweise den Stil vorweggenommen hat. In groben, abstrahierten und kantigen Formen hat er die Natur wiedergegeben. Doch eigentlich, stellen wir jetzt fest, hat Cézanne damals nur die Wirklichkeit abgebildet: Grob und kantig wie auf seinen Gemälden, genauso liegt der Steinbruch heute auch in natura vor uns.

Vorbei an einer versteckten Kapelle geht es im großen Bogen zurück Richtung Eingang und zum letzten Motiv, »Bäume und Felsen«. So einfach der Titel, so schwierig ist es, das reelle Motiv für dieses zarte Pastellaquarell wiederzufinden. Um uns herum ist nichts anderes als Bäume und Felsen zu sehen.

Cézannes Staffelei könnte wirklich überall gestanden haben. Aber dass wir sein letztes Bild nicht konkret ausmachen konnten, ist nicht weiter schlimm, denn der romantische Waldspaziergang auf seinen Spuren hat uns mehr als glücklich gemacht.

ADRESSEN

DIE HEIMAT VON PAUL CÉZANNE

• Le Jas de Bouffan

Herrenhaus mit großem Park, das früher im Besitz der Familie Cézanne war und in dem Paul Cézanne lange wohnte und seine ersten Malversuche unternahm (von denen leider keine mehr im Original zu sehen sind). Die Besichtigung ist nur mit Führung möglich, Reservierung beim Fremdenverkehrsamt (s. u.).

Route de Galice
13100 Aix-en-Provence
Tel. 0033/4/42161161
Öffnungszeiten: März bis Juni und 10. September bis Oktober tgl. 10 bis 12.30 Uhr, Juli bis 9. September tgl. 10 bis 12.30 und 14 bis 18.30 Uhr, November bis Februar Mi. und Sa. 10 Uhr; Neujahr, 1. Mai und 25. Dezember geschlossen

• L'Atelier des Lauves

Paul Cézannes Atelier, in dem er die letzten vier Jahre seines Lebens verbrachte und in dem die meisten seiner wichtigsten Werke entstanden. Die Besichtigung ist nur mit Führung möglich, Reservierung beim Fremdenverkehrsamt (s. u.). Gut bestückter Museumsshop für Cézanne-Andenken von Geschirr bis zu Notizblöcken.

9, Avenue Paul Cézanne
13090 Aix-en-Provence
Tel. 0033/4/42210653
Fax 0033/4/42219034
www.atelier-cezanne.com
Öffnungszeiten: Oktober bis März tgl. 10 bis 12 und 14 bis 17 Uhr, April bis 14. Juni tgl. 10 bis 12 und 14 bis 18 Uhr, 15. Juni bis September tgl. 10 bis 18 Uhr; Neujahr, 1. Mai und 25. Dez. geschlossen

Garten, Allee, Ententeich: Cézannes Motive rund um das Anwesen seines Vaters sind auch heute noch ohne Weiteres zu erkennen

Feste Schuhe anziehen und auf den Spuren des Meisters wandern: die abenteuerlichen Steinbrüche von Bibémus

• Les Carrières de Bibémus

Weitflächiger Steinbruch außerhalb der Stadt mit zahlreichen Cézanne-Motiven, die auf einem Rundgang erkundet werden können. Die Besichtigung mit einstündiger Führung wird empfohlen, Reservierung beim Fremdenverkehrsamt (s. u.). Gutes Schuhwerk unbedingt erforderlich. Die Stätte kann leider nicht von Gehbehinderten erkundet werden.

3080, Chemin de Bibémus
13100 Aix-en-Provence
Öffnungszeiten und Führungen: März bis Juni und 10. September bis Oktober 14 bis 17.30 Uhr, Juli bis 9. September 8 bis 11 Uhr, November bis Februar Mi. + Sa. 15 Uhr; Neujahr, 1. Mai und 25. Dezember geschlossen

Reservierungen für alle Führungen beim
Office de tourisme d'Aix-en-Provence
2, place du Général de Gaulle
13100 Aix-en-Provence
Tel. 0033/4/42161161
www.aixenprovencetourism.com

ÜBERNACHTEN

• Domaine de Valbrillant

In dem mächtigen, gelb getünchten Herrenhaus aus dem 18. Jahrhundert wohnt man nicht nur in einer der Stationen des Circuit Cézanne (s. Extratipp S. 167), sondern auch mit Blick auf eines seiner wichtigsten Motive, die Bergkette Sainte-Victoire. Das Panorama dieses nur sieben Kilometer von Aix entfernten, frisch renovierten Gästehauses ist atemberaubend. Den Bergblick genießt man nicht nur aus einigen der fünf Zimmer, die allesamt mit 40 und 60 Quadratmetern viel Platz und noch große Badezimmer bieten, sondern auch vom neuen Schwimmbad aus. Frühstück wird unter den alten Bäumen im Park serviert oder im Salon mit Blick auf die überdimensionale Küche, in der Besitzerin Anne

Pujol – wenn gewünscht – auch Abendessen für ihre Gäste zubereitet. Seit Kurzem gibt es auch ein 100 Quadratmeter großes Appartement, das wochenweise vermietet wird. **€€**

Route de Valbrillant
13590 Meyreuil
Tel. 0033/4/42584676
www.domainedevalbrillant.com

Wohnen im Herrenhaus: Die Domaine de Valbrillant liegt vor den Toren der Stadt, hat fünf Zimmer und einen Swimmingpool

• Hotel en Ville

Das kleine Hotel liegt, wie der Name schon sagt, in der Innenstadt von Aix, an der Place Bellegarde, nicht weit vom Atelier von Cézanne entfernt. Zehn ganz modern gestaltete Zimmer mit Betonfußböden, Designmöbeln, Flachbildschirm und offen gestalteten Bädern bieten eine nette Abwechslung zum provenzalischen Landhausstil. In der Brasserie wird Frühstück und Mittagessen in puristischem Ambiente serviert. **€€**

2, Place Bellegarde
13100 Aix-en-Provence
Tel. 0033/4/42633416
Fax 0033/4/42961022
www.hotelenville.fr

Angenehmer Stilmix und moderne Ausstattung: Das Hotel Cézanne in der Altstadt von Aix-en-Provence hat 55 Zimmer

• Hotel Cézanne

Dieses sehr opulent in einem sympathischen Mix aus Barock und Moderne renovierte Hotel liegt nur wenige Gehminuten von Aix' schönstem Platz, dem Cour Mirabeau, entfernt. Die 55 Zimmer sind teilweise mit Antiquitäten eingerichtet, es gibt King-Size-Betten, kostenlose Minibar und kabellosen Internetzugang. **€€**

40, Avenue Victor-Hugo
13100 Aix-en-Provence
Tel. 0033/4/42911111
Fax 0033/4/42911110
www.hotelaix.com

ESSEN & TRINKEN

• La Chimère Café

Lüster an den Decken, rot bepinselte Wände, Stuck, Holzbalken – dieses Restaurant in der Altstadt hat alles, was man sich für ein romantisches Dinner wünscht. Und ist auch noch bezahlbar. Der normannische Küchenchef Stéphane Marie kauft seinen Fisch am Hafen in Marseille, sein Gemüse auf dem Markt in Aix und zaubert daraus einfache, aber köstliche südfranzösische Küche mit nordischem Einschlag. Jeden Abend gibt es genau zehn Vorspeisen, zehn Hauptgerichte und zehn Nachspeisen zur Auswahl.

15, rue Brueys
13100 Aix-en-Provence
Tel. 0033/4/42383000
So. ganztägig, Mo. mittags, 15. bis 31. August und Weihnachten geschlossen

• L'Aixquis

Der lustige Name sagt schon alles: Benoît Strohm serviert Exquisites aus Aix. Der im Elsass ausgebildete Koch macht ein hinreißendes Ratatouille, leckere Langusten-Gerichte und Desserts aus Olivenöl mit getrockneten Aprikosen.

22, rue Victor Leydet
13100 Aix-en-Provence
Tel. 0033/4/42277616
www.aixquis.fr
So. und 1. bis 15. August geschlossen

• Auberge Provençale

Obwohl die Adresse an der befahrenen Nationalstraße Nr. 7 nicht unbedingt Gutes vermuten lässt, ist dieses Lokal ein echter Geheimtipp. Für ein Dinner in der Auberge Provençale verlassen auch die Aixer ihre Stadt und fahren aufs Land. Denn in dem auf den ersten Blick einfachen Gasthof, einst eine Postkutschenstation, bieten Brigitte Bernard und Gabriel Astouric eine ausgezeichnete Weinkarte und Spezialitäten aus ganz Frankreich: Kalbsfüße mit Stopfleber auf Linsen, frischen und gratinierten Hummer mit selbst gemachten Nudeln, Lavendeleis mit einem Spitzenüberzug aus Mandeln … Die Menüs sind unterteilt in die Kategorien »Feinschmecker«, »Vertrauen« und »Geschmäcker«. Man kann aber auch à la carte essen.

Route National 7 – Quartier Le Canet
13590 Meyreuil
Tel. 0033/4/42586854
Fax 0033/4/42586805
www.auberge-provencale.fr
Di. abends und Mi. geschlossen

Dafür fahren auch die Städter aufs Land: In der Auberge Provençale wird sogar aus Schinken und Melone ein Kunstwerk

✶ EXTRATIPP

Le Circuit Cézanne

Diese rund 70 Kilometer lange Rundreise durch die Umgebung von Aix auf den Spuren Cézannes ähnelt einer Schnitzeljagd. Die Tourismusbehörde in Aix-en-Provence gibt zwar einen ausgearbeiteten Plan und eine Wegbeschreibung mit, doch die Aussichtspunkte und die Motive selbst, die der Maler auf Leinwand

Le Relais Cézanne: Hier stärkte sich schon der Künstler, begleitet von Freunden wie Emile Zola

verewigte, muss man schon selbst finden. Und das geht so: »Halt doch mal kurz an, da war es!« Bremsen, ein paar Meter zurück, Autofenster herunterkrubeln, um den Onlineausdruck des Ölbilds mit der Realität vergleichen zu können. Die Sommerhitze erstickt die Klimaanlage in Sekundenschnelle. Ein Duftgemisch aus Hitze, Erde, Rosmarin und Pinie strömt ins Wageninnere. »Ist es das?«, frage ich, während ich den Papierausdruck gegen den tiefblauen Sommerhimmel, das gelbe Sonnenblumenfeld, die Pinie rechts und das kleine, gelb getünchte Haus links halte. »Nö! Das ist es nicht! Wir fahren weiter.« Wenige hundert Meter später dann: »Da! Das ist es!« Man kommt bei dieser Rundfahrt nur sehr langsam voran, auch weil die schönen Aussichtspunkte zahlreich sind – vor allem auf dem Weg von Le Tholonet bis Puyloubier entlang des lang gestreckten und schneeweißen Kalksteinmassivs Sainte-Victoire: In 44 Ölgemälden und 43 Aquarellen hat Cézanne seinen »Hausberg« verewigt. Meist von unten mit Blick gen Berg und Himmel. Und so wie er einst mit seiner Staffelei und einem Rucksack voller Malerutensilien unterwegs war, so stolpern wir heute über die schmalen, von der Erde rot gefärbten Feldwege vorbei an kniehohen Büschen, einsamen Pinien und abgeernteten Feldern.

Das Auto haben wir abgestellt in Le Tholonet, auf dem großen Parkplatz mit seinen hohen Bäumen, nicht weit von den Resten einer Mühle, in der sich Cézanne gern ausruhte und vor der zu seinen Ehren eine Gedenksäule errichtet wurde. Gleich um die Ecke befindet sich auch das Ausflugslokal Le Relais Cézanne; hierher kam der Maler gern zum Mittagessen, begleitet von seinen engsten Freunden wie Emile Zola. Angeblich hat er sogar eine Skizze in einen der Tische eingeritzt, doch wahrscheinlich ist auch dieser Tisch längst nach Amerika verschifft worden. Wir gesellen uns, erschöpft von

der Schnitzeljagd, zu den anderen Cézanne-Pilgern auf die Terrasse und warten auf den Sonnuntergang. Direkt vor uns liegt das Kalksteingebirge, das sich von Viertelstunde zu Viertelstunde mehr verfärbt und am Ende orangerot leuchtet.

Unterlagen für den Circuit Cézanne beim Office de tourisme d'Aix-en-Provence (s. o.)

Infos, Wegbeschreibung, Karte und Motive der Gemälde sind im Internet abrufbar unter: www.aixenprovencetourism.com/aix-circuits.htm

Le Relais Cézanne
Place du Village
13100 Le Tholonet
Tel. 0033/4/42669191

Der Hausberg: Das imposante Kalksteinmassiv Sainte-Victoire malte Cézanne in fast 90 Versionen, in Öl und Aquarell, in der Sonne und im Abendlicht

Modisch auf der Höhe: der Look auf den Straßen der Hafenstadt. *Rechts:* Die Boutique von Marianne Cat, in der auch junge Designer ihre Kollektionen zeigen

Marseille

French Collection

Lange Zeit hatte Frankreichs zweitgrößte Stadt ein denkbar schlechtes Image. Doch dann war da eine Bürgermeistersgattin, die sich langweilte ... Und heute erblüht in Marseille eine junge, kreative Modeszene

Der clevere Baustil einer mediterranen Stadt: Schmale Häuserschluchten sorgen für viel Schatten, wie hier im Cours Julien

Denkt man an Mode, denkt man an Paris. Was sonst! Doch die Heimat von Dior, Givenchy und Konsorten ist längst nicht mehr der einzige Ort in Frankreich, an dem Nähmaschinen surren und begabte Hände wilde Kreationen aufs Papier skizzieren. Vom ehemals verruchten Marseille aus mischt seit wenigen Jahren eine junge Designerszene den Modemarkt mit frischer, unprätenziöser Prêt-à-Porter-Mode, Street- und Urbanwear auf.

Die beachtlichen Erfolge der Marseiller Modelabels haben selbst die großen Häuser in Paris, wie Chanel und Louis Vuitton, beeindruckt. Mit Rat und Tat und Geld unterstützen sie die zahlreichen Initiativen und Projekte der Grande Dame dieser kleinen Moderevolution, Maryline Bellieud-Vigouroux.

Die ehrenamtliche Präsidentin des IMM (mit vollem Titel Institut Mode Méditerranée) sitzt in einem Prachtbau aus dem 19. Jahrhundert direkt an Marseilles einstiger und leider zwischenzeitlich stark abgeblätterter Prachtmeile La Canebière. In der kerzengeraden Straße, die kilometerlang leicht abfallend bis zum alten Hafen führt, schlägt das Herz von Frankreichs ältester und zweitgrößter Stadt. Rechts von ihr liegt Belsunce, ein einfaches, sehr arabisch geprägtes Viertel, in dem sich viele der Immigranten niederlassen, die noch immer tagtäglich vor allem aus Nordafrika in der Hafenstadt ankommen. Links der Canebière liegt La Plaine, ein beliebtes Ausgeh- und Künstlerviertel, an das sich fast nahtlos die Viertel der Präfektur und der belebten Gemüse- und Fischmärkte anschließen. Die kulturelle Vielfalt gehört zu der 800 000-Einwohner-Stadt wie die Sonne, die erbarmungslos auf uns niederscheint, während wir uns Meter für Meter im typischen Marseiller Verkehrschaos zur Tiefgarage an der Börse, die gleich neben dem Modeinstitut liegt, vorkämpfen.

Rund eine Dreiviertelstunde später stehen wir endlich im gut gekühlten vierten Stock des Modeinstituts.

HINKOMMEN

Von Aix-en-Provence in Richtung Marseille auf die N296 (sie geht über in die A51/E712 und nach ca. 17 km, an der Stadtgrenze von Marseille, in die A7/E712). Abfahrt Gare Saint-Charles nehmen und den Schildern Sainte-Charles folgen. Der Bahnhof liegt in der Innenstadt. Hier und selbst am alten Hafen gibt es zahlreiche Tiefgaragen, in denen man das Auto einfach und sicher(!) abstellen kann.

SNACK BAR
LAVERIE

Stile und Ikonen im Musée de la Mode: Haute-Couture-Abendkleid aus Organzablumen und Metall von Paco Rabanne aus dem Jahr 1988

Maryline Bellieud-Vigouroux empfängt uns mit einem angesichts ihrer zarten Person unerwartet festen Händedruck; ihre lapislazuliblauen Augen strahlen, während sie erzählt, wie das so kam mit der Mode in Marseille: »Mein Exmann, Monsieur Vigouroux, wurde Mitte der 80er-Jahre Bürgermeister und machte sich zur Aufgabe, das Image der Stadt zu verbessern. Ich langweilte mich damals ein bisschen in der Rolle der Bürgermeistersgattin und schlug ihm vor zu helfen. Mode fand ich ein gutes Thema. Mit finanzieller Unterstützung der Stadt konnte ich 1988 das Modeinstitut ins Leben rufen.«

Obwohl in Marseille historische Textilstrukturen, wie zum Beispiel in Lille oder Lyon, völlig fehlen, glaubte die Powerfrau an ihr Projekt. »Es gab hier damals schon kleine Modeindustrien. Aber jeder rührte in seinem eigenen Topf. Ich brachte die Leute zusammen und nutzte die Kulturenvielfalt in der Stadt. Die vielen Immigranten bringen neue Stile und auch Wissen ein. Die Armenier zum Beispiel sind echter Lederexperten.«

In der Bel Etage des Gebäudes an der Canebière liegt das Modemuseum, das dank großzügiger Spenden von Privatleuten, Chanel und dem Modedesigner Azzedine Alaïa heute über einen Schatz von 3000 Designerroben aus den Jahren 1930 bis heute verfügt. Neben dem Musée de la Mode et du Textile im Seitentrakt des Louvre (s. Kapitel 1: Musée des Arts Décoratifs) und dem Pariser Musée Galliera ist das Musée de la Mode de Marseille heute mit seinen Wechselausstellungen zu Modestilen, Fashion-Ikonen und -Fotografie das wichtigste Modemuseum in Frankreich.

Die Boutique-Ateliers: Im Hinterzimmer wird Mode entworfen, vorne verkauft

Jenseits des schicken Präsentationsgebäudes an der Canebière hat Maryline Bellieud-Vigouroux weitere kleine oder größere Modeinitiativen geschickt über die Stadt verteilt: Es gibt eine Zusammenarbeit mit dem

Kaufhaus Galeries Lafayette in Marseille zum Verkauf junger Labels, eine Modemesse namens »Showroom des Marques du Sud«, eine »Boutique Ephémère«, die eine Woche im Jahr die Kollektionen junger Nachwuchs-Designer in den Verkaufsräumen der etablierten Modedesignerin Marianne Cat anbietet. Und den »Espace Arthur«, eine Art Kleiderkammer in einer Marseiller Klinik, die psychisch gestörten Jugendlichen und Magersüchtigen helfen soll, über die Mode zu einem neuen Selbstwertgefühl zu gelangen.

Maryline Bellieud-Vigouroux' liebstes Kind ist die »La Cité Euromediterranéene de la Mode«, ein zwölf Millionen Euro teures, international verzahntes Projekt, das der Ausbildung, Förderung und Promotion junger Designer aus dem Mittelmeerraum dienen soll. Noch gibt es das nur virtuell; geplant ist ein Uni-Campus mit Ateliers, Mediathek, Schulungsräumen und einem Saal für Modeschauen. Welche Ergebnisse die Cité erzielen soll, macht Madame Bellieud-Vigouroux seit 1997 vor: Jedes Jahr werden drei Jungdesigner mit 15 000 Euro beim Aufbau ihrer ersten Kollektion unterstützt. »Wir beraten sie beim Kollektionsaufbau, der Preisgestaltung, helfen bei der Buchhaltung.« Über 30 Marseiller Nachwuchsdesigner haben so den Sprung in den Markt geschafft. Wie Emma François mit dem Label Sessun.

Bereits während ihres BWL-Studiums begann Emma François, Klamotten zu entwerfen. Sie fuhr nach Lateinamerika, ließ dort Kleider schneidern und verkaufte sie nach ihrer Rückkehr in Boutiquen, um damit ihr Studium zu finanzieren. Ihr kleiner Modehandel lief so gut, dass Emma nach dem Uniabschluss gar nicht erst Vorstellungsgespräche absolvierte, sondern noch einmal ausgiebig durch Südamerika reiste und mit den mitgebrachten Sachen ihre eigene Firma gründete.

Sessun kam 1995 auf den Markt, 1999 bekam sie das Stipendium des Marseiller Modeinstituts. Mit dem Geld fuhr sie zur Modemesse nach Paris und er-

Fröhlicher Blick in die Zukunft: Marseille hat das Schmuddelimage abgelegt und ist heute für viele die spannendste Stadt in ganz Frankreich

Die Boutique Sessun von Emma François: Ihre Mode gibt es mittlerweile weltweit in 500 Läden. Eine Erfolgsgeschichte, die typisch ist für Marseille

öffnete wenig später ihren ersten Laden. In der Hauptstadt. »Das Geschäft war gerade frei geworden. Da hab ich zugegriffen.« Ihren Firmensitz in Marseille hat sie aber natürlich behalten. »Es herrscht einfach ein gutes Klima hier für junge Firmen.«

Die Sessun-Modelle sind inspiriert vom Kunsthandwerk Südamerikas und geprägt von Emmas Jugend in Marseille zwischen Hip-Hop, Skating und Graffiti. Mit ihrem Mix aus femininer Mode, Urbanwear und außergewöhnlichen Stoffen hat es die 35-Jährige längst zu internationalem Renommee gebracht. 500 Boutiquen weltweit führen die Kollektion, das Label stattet TV-Serien in Frankreich und die Moderatorinnen von VIVA und MTV in Deutschland aus. Neben dem Flagship-Store in Paris hat Emma 2005 einen zweiten, eigenen Laden in ihrer Heimatstadt aufgemacht. Sie beschäftigt 20 Mitarbeiter und macht einen Jahresumsatz von 4,5 Millionen Euro.

Sessun bildet zusammen mit der femininen Linie von Helena Sorel, der sexy Bikini- und Dessousmode von Pain de Sucre und der trendy Jeans von

Le Temps des Cerises heute die neue Modeelite der Stadt. Und die nächste Generation steht schon in den Startlöchern: junge Firmen wie Tcheka, Pomponette, Line Kaë und Un éte en vacances. Maryline Bellieud-Vigouroux sagt: »Die jungen Designer sind mutig und probieren neue Vertriebswege aus. Sie eröffnen in bezahlbaren Vierteln sogenannte Boutique-Ateliers. Im Hinterraum wird entworfen, vorne verkauft. Das ist eine ideale Form, seine Kreationen selbst zu vermarkten.«

Marseille bei Nacht: der Vieux Port, der alte Hafen, über dem sich das Fort St. Nicolas erhebt

Früher wären solche Boutiquen in Marseille nicht möglich gewesen. »Wo heute der Eingang meines Ladens ist, standen früher die Nutten«, bringt Pascal Sannac es ohne Umschweife auf den Punkt. Der Besitzer von Chez Mademoiselle, eines kleinen, aber feinen Trendladens in der verkehrsberuhigten Rue Francis Davso, war zusammen mit dem Schuhladen Créatis einer der Ersten, der sich im ehemaligen Rotlichtviertel rund um die Oper, nur einen Katzensprung vom alten Hafen entfernt, niedergelassen hat. »Vorher gab es hier überhaupt keine Geschäfte. Das Viertel galt als dreckig und gefährlich. 2001 wagten ein paar Mutige den Versuch und heute – na, das sehen Sie ja – ist alles voll. Aber gehen Sie mal in die Rue Sainte. Diese Straße hat die größte Veränderung von allen hinter sich.«

Die Rue Sainte, die etwas erhöht parallel zum Hafenbecken des Vieux Port verläuft und bei fast jeder Querstraße traumhafte Durchblicke auf die weißen Jachten und das blaue Meer eröffnet, ist eng und schattig. Viele Häuser sind alt und einfach und noch nicht renoviert, der Putz blättert ab. Frisch gewaschene Wäsche hängt aus den oberen Fenstern und flattert im warmen Seewind. Im Erdgeschoss aber reiht sich eine schicke Bar an die nächste. Die Restaurants, wie das L'Atelier oder das Caffè Milano, sind perfekt durch-

Von der Erotik- zur Shoppingmeile: die wundersame Verwandlung der Rue Sainte

Vom Wahrzeichen der Stadt, der Wallfahrtskirche Notre-Dame-de-la-Garde, geht der Blick weit über den riesigen Hafen und das Mittelmeer

gestylt. Die Modeläden auch. Créatis, der Schuhladen aus der Rue Francis Davso, leistet sich hier eine Filiale für Sneakers und lässige Sommersandalen. Sessun hat hier seinen Flagship-Store eröffnet. Am Ende der Straße, zum Platz Lulli hin, wird es noch nobler: Die Boutiquen Giotea und Lulli bedienen eine gut betuchte, trendige Klientel, der Shop von Lacroix, gleich daneben, die reiche Designerkundin.

Die Rue Sainte ist die Straße der »Bobos«, der Bourgeois-Bohème geworden. Die Leute sind jung, trendy und haben Geld. »Paul Smith will angeblich auch eine Filiale eröffnen. Da drüben, in die Räume des Cafés, kommt ein Dekoladen von Maison de Famille rein. Und Zadig & Voltaire, das In-Label aus Paris, ist gerade dabei, sich zu installieren«, erzählt Mylène Zani, Geschäftsleiterin des Napaijri-Shops, der unter dem Namen T.A.O. seit fast 20 Jahren an der Straßenecke Rue Lulli/Rue Sainte liegt. Mylène hat die Entwicklung des Viertels live miterlebt. »Sie können sich nicht vorstellen, wie das hier früher aussah. Mülleimer lagen rum, dazwischen standen die Prostituierten, die Zuhälter, die Freier. Wer in unseren Laden wollte, musste klingeln. Wir machten eine Gesichtskontrolle. So schlecht war die Gegend hier. Und nun ist alles total schick.«

ADRESSEN

DIE MODEWELT VON MARSEILLE

• Musée de la Mode – Espace Mode Méditerranée
Im Prachtbau schlägt das Herz der Mode: Hier sitzen das Modeinstitut, die Modedokumentation (Besuch nur nach Reservierung) und das Modemuseum.
11, La Canebière
13001 Marseille
Tel. 0033/4/96170600
Fax 0033/4/96170601
www.espacemodemediterranee.com
Öffnungszeiten: täglich außer Mo. 10 bis 17 Uhr

• Sessun
Flagship-Store der jungen Designerin Emma François, die sehr von der Marseiller Modeförderung profitierte.
6, rue Sainte
13001 Marseille
Tel. 0033/4/91523361
www.sessun.com

• Helena Sorel
Eine Institution. Das Familienunternehmen – Designerin Corinne Amouyal, ihr Bruder Constantine und die Schwestern Mylène und Sabine – kreiert feminine Mode, es gibt auch eine jüngere Kollektion namens Hel's.
122, rue de Rome
13006 Marseille
Tel. 0033/4/91046642
www.helenasorel.com, www.hel-s.com

• Marianne Cat
Boutique der Marseiller Designerin, außerdem Bücher und Kunstfotos der Agentur Camayeux. Einmal im Jahr (meist im

Vom Laufsteg ins Museum: Haute-Couture-Mantel aus Satin, handverziert mit Spitze, Lederbändern und silbernen Posamenten. Ein Modell von Christian Lacroix aus dem Jahr 1999

T-Shirts mit witzigen Marseille-Motiven, nicht nur für den heißen Sommer in dieser Stadt: der Laden Un été en vacances

Oktober) können Nachwuchsdesigner bei der »Boutique Ephémère« hier ihre Kollektionen verkaufen.
Hôtel de Paul
53, rue Grignan
13006 Marseille
Tel. 0033/4/91550525
www.camayeuxmarseille.com

• Un été en vacances

Als »local T-Shirt-collection« umschreibt Designer Guillaume Sicard seine 2003 gegründete Kollektion, die er abwechselnd »Un ete en vacances« oder »Marseille en vacances« nennt. In seinem Boutique-Atelier kann man eigene Motive auf T-Shirts verewigen oder aus unzähligen sehr lokalpatriotischen Marseille-Motiven auswählen. Die gibt es auch alle auf Babystramplern.
7, rue de Bailli de Suffren
13001 Marseille
Tel. 0033/4/91547317
www.uneteenvacances.com

• Try One

Shop der In-Jeans-Marke Le Temps des Cerises. Designer Gilles Richardière gründete sie 1998 zusammen mit seinem Vater Lilian: Sie zerfetzten Jeans und nähten Flicken darauf. Heute gibt es auch Kakis, Lederjacken und Schuhe.
9, rue Haxo
13006 Marseille
Tel. 0033/4/91339778
www.letempsdescerisesjeans.com

• Line Kaë

Urban-Chic-Label von Sabrina Fantou. Die Kollektion wird direkt neben den Umkleidekabinen kreiert.
9, rue Pierre Dupré
13008 Marseille
Tel. 0033/4/91532486

Einfache Schnitte, witzige Details: Die Mode von Tcheka gibt es in Marseille seit 1998, und mittlerweile in ganz Frankreich

• Tcheka

Designer Nicolas Douyer und Clarisse Dubout verkaufen eigene Streetwear-Kreationen, aber auch 30 Fremdlabels.

5, Place de la Corderie
13006 Marseille
Tel. 0033/4/91334658
www.tcheka.fr

• Pomponette

Rosaroter Miniladen. Designerin Béatrice Perron und ihre Kusine Sarah fertigen Taschen, Tuniken und Zigeunerröcke.

72, rue Breteuil
13006 Marseille
Tel. 0033/4/91533426

• Pain de Sucre

Das Bikini- und Dessouslabel namens »Zuckerbrot« hat mit seinen sexy Modellen international Erfolg.

17, rue Montgrand
13006 Marseille
Tel. 0033/4/91556483
www.paindesucre.com

• Lulli

Kleiner Laden in einem früheren Restaurant, junge Mode aus Belgien und von See by Chloë, Barbara Bui, Jeans Joe's.

8, rue Sainte
13001 Marseille
Tel. 0033/4/91331061

• Giotea

Puristische Dekoration, große Auswahl: Elodie Giovaninni und Sophie Bertea führen französische Trendlabels wie Claudie Pierlot, Erotokritos, Les Prairies de Paris.

10, rue Sainte
13001 Marseille
Tel. 0033/4/91330226

Kann sie zaubern? Victoire Antoun (La Fée Victoire) macht die gleiche Mode für Baby, Mutter und die angehende Mama

• Créatis

Es gibt zwei Läden: In der Rue Francis Davso für edle, modische Kreationen (mit hohen Absätzen), in der Rue Sainte für bequeme Sneakers und Zehensandalen.

48, rue Francis Davso
53, rue Sainte
13001 Marseille
Tel. 0033/4/91542173

• Chez Mademoiselle

Pascal Sannac war einer der ersten Modehändler, die sich ins ehemalige Rotlichtviertel um die Oper trauten.

67, rue Francis Davso
13001 Marseille
Tel. 0033/4/91331213

• La Fee Victoire

Ex-Modestylistin Victoire Antoun verkauft Unisex-Kreationen für Baby, Kind, Mama und angehende Mama.

201, rue Paradis
13006 Marseille
Tel. 0033/4/91336207

• Palma

Gegenüber der Oper hat Ariel Chauffournier einen in Beton designten Laden für Labels wie Xuly-Bët, Les Petites oder Bensimon eröffnet. Nur hier gibt es auch das aufsteigende Label Les Dilettantes (www.lesdilettantes.com).

10, rue Corneille
13001 Marseille
Tel. 0033/4/91337658

• T.A.O./Napapijri

Mode der italienischen Outdoor-Marke Napapijri.

10, rue Lulli
13001 Marseille
Tel. 0033/4/91337543

• London Calling

Wie der Name vermuten lässt, gibt es hier keine Marseiller, sondern Londoner Mode,die Labels sind trotzdem ausgesucht (z. B. Firetrap, merc london).

1, rue du Jeune Anacharsis
13001 Marseille
Tel. 0033/4/91332348
Fax 0033/4/91332849

• Adidas

Auch die Fußgängerzone hat sich verändert: In der Rue Sainte Ferréol gibt es Zara, H & M, Mango, Princesse Tam Tam und Konsorten. Und zwei Highlights: die Galeries Lafayette mit der neu gestalteten Trendabteilung Version Originale (V.O.) und den Adidas-Flagship-Store. Unbedingt vorbeischauen: Die viel schickeren, französischen Sportkollektionen sind in Deutschland nicht erhältlich.

45, rue Sainte Ferréol
13001 Marseille
Tel. 0033/4/96112340

ÜBERNACHTEN

• Villa Monticelli

Sonnengelb ist eine wichtige Farbe für die gebürtigen Marseiller Colette und Jean Paranque, sie haben ihr ganzes Gästehaus in dieser Farbe gestaltet. Hoch über der Küste, an der Uferstraße Corniche Kennedy und nicht weit vom Stadtstrand Prado liegt die Villa mit ihren fünf geräumigen und freundlichen Gästezimmern, die allesamt Blick auf den Park und seine weißen Marmorputten haben. Und von der Terrasse aus sieht man in der Ferne das Meer. **€€**

96, rue du Commandant Rolland
13008 Marseille
Tel. 0033/4/91221520
www.villamonticelli.com

Sonniges Gästehaus: Die Villa Monticelli mit ihren fünf freundlichen Zimmern liegt hoch über der Küste an der Corniche Kennedy

Unaufdringlicher Service, stilvolles Interieur: Traurig ist nur, dass es im Les Acanthes, einem Jagdhaus aus dem 17. Jahrhundert, nur eine einzige Ferienwohnung und ein Gästezimmer gibt

• Les Acanthes

An den Wänden hängen echte Gemälde, das übergroße Bett ist mit feinstem Leinen überzogen, neben der Stereoanlage liegt eine exquisite Auswahl an Lounge-Musik. In der Küche eine Ansammlung von Alessi-Kochgeräte-Klassikern und Porzellan für alle Anlässe (Espressotassen, Milchkaffeetassen, Teetassen ...). In dieser Ferienwohnung fehlt wirklich nichts. Auf der Terrasse stehen Holzgartenstühle und bequeme Liegen im Schatten der Bäume bereit. Ab und an kommt Besitzerin Odile Nizet-Naegely vorbei und fragt, ob man noch einen Wunsch hat. Das Paradies liegt rund 15 Minuten mit dem Auto von der Innenstadt entfernt. Leider hat Madame Nizet-Naegely nur ein Gästezimmer und ein Appartement im Angebot.
P.S.: Man sollte Hunde mögen. **€€**

69, Avenue de Saint-Julien
13012 Marseille
Tel./Fax 0033/4/91499167
www.acanthes13.com

• New Hotel of Marseille

Mit coolem Ambiente, einem Swimmingpool mit Blick auf das Palais du Pharo und einem stylischen Restaurant macht es dem bis dato einzigen Nobelhotel Sofitel Konkurrenz. Das im April 2006 eröffnete Designhotel, bestehend aus einem Haus aus dem 19. Jahrhundert und einem modernen Anbau mit 100 Zimmern, ist ideal gelegen – zum alten Hafen und den Shoppingmeilen sind es rund zehn Minuten zu Fuß. **€€€**

71, Boulevard Charles Livon
13007 Marseille
Tel. 0033/4/91315315
Fax 0033/4/91312000
www.newhotelofmarseille.com

Ganz neu und ganz stylish: Das New Hotel of Marseille im Zentrum hat 100 Zimmer, einen Pool und viel moderne Kunst an den Wänden. Zum Beispiel Twiggy in Acryl

ESSEN & TRINKEN

• Chez Aldo

Dass dieser Tipp hier steht, ist eigentlich eine Sünde. Denn Marseiller geben Aldos Adresse nur an Freunde weiter. Das Restaurant liegt am südlichen Stadtende am Hafen von Madrague, dort, wo die Calanques (s. Extratipp S. 188) beginnen; von der Innenstadt sind es gute 20 Minuten mit dem Auto. Unbedingt einen Tisch direkt am Panoramafenster (im Winter) oder auf der Terrasse (im Sommer) reservieren: Wenn es dunkel wird, kann man das Lichtermeer von Marseille bewundern, während der Ober den morgens frisch gefangenen Fisch serviert.

28, rue Audemar-Tibido
13008 Marseille
Tel. 0033/4/91733155
Fax 0033/4/91250371
Öffnungszeiten: tgl. außer So. abends und Mo.

• Le Miramar

Sehr teuer, sehr schick, Terrasse mit Hafenblick. Große Auswahl an Fischgerichten, Klassiker ist natürlich die

Vor der Nachspeise kommt im Restaurant Miramar das Pré-Dessert: etwa eine Kaffee-Mousse, die den Gaumen sanft auf das Süße einstimmen soll

Bouillabaisse, deren Rezept auf der Hompepage verraten wird. Küchenchef Christian Buffa gibt auch Kochkurse.
12, Quai du Port
13002 Marseille
Tel. 0033/4/91911040
www.bouillabaisse.com
So. und Mo. geschlossen

• **Caffè Milano**
Das italienische Bistro in der Rue Sainte leert sich nie, sagt man in Marseille. Originelle Gerichte (Kalbsleber mit Himbeeressig), schicke Ausstattung.
43, rue Sainte
13001 Marseille
Tel. 0033/4/91331433

• **L'Atelier**
Frisch renoviert in einem sehr puristischen Stil, freundlicher junger Service und ein günstiges Mittagsmenü.
127, rue Sainte
13001 Marseille
Tel. 0033/4/91544684
So. geschlossen

✶ EXTRATIPPS

La Friche La Belle de Mai

Auf ihre »Friche« sind die Marseiller stolz. Als die Stadt noch tief im Imageloch steckte und der französischen Presse vor allem Negativschlagzeilen lieferte, entstand an der Stelle einer alten Tabakfabrik im Arbeiterviertel La Belle de Mai etwas völlig Neues: ein Kulturzentrum. Stararchitekt Jean Nouvel (siehe Kapitel 1: Musée du Quai Branly) machte sich 1992 zusammen mit Philippe Foulquié dafür stark, die alten Hallen zu retten. Ihr Verein »Système Friche Théâtre«

(SFT) versammelt heute auf 45000 Quadratmetern rund 400 Kunstschaffende aus 70 Berufen. Von hier sendet das Radio Grenouille, hier trifft man sich zum Theater, Kino, Konzert. Es gibt Rap-Kurse, eine Schreibwerkstatt, ein Cybercafé, Musik- und Fotostudios und Ateliers. Wie das von Alfons Alt. Der Deutsche aus Illertissen lebt schon eine halbe Ewigkeit in Frankreich und zog aus Geldnot von Paris in den Süden. »Als ich hier ankam, war die Friche noch eine Hausbesetzer-Festung. Nach der offiziellen Anerkennung als Kulturzentrum konnte man sich bewerben. So habe ich das Atelier bekommen. Es ist supergünstig.« Alt hat sich auf eine sehr kostenintensive Technik der Fotogravur aus dem 19. Jahrhundert spezialisiert. »Ohne das Atelier hätte ich meine aufwendige Altotypie, wie ich sie nenne, nicht fortführen können«, sagt er, während er in seinem dunklen, mit Hunderten von Farbtuben voll gestellten Atelier das halb belichtete Bild in ein Säurebad legt. »Die Atmosphäre ist entspannt. Jeder hilft jedem. So, das Bild muss nun trocknen. Wollen wir was essen gehen?« Wie auf einem Uni-Campus

Aus einer alten Tabakfabrik wurde ein pulsierendes Kulturzentrum: La Friche La Belle de Mai mit Theater, Kino, Cybercafé, Musikstudios und Ateliers. Hier arbeiten 400 Künstler

gibt es auf der Friche auch ein Restaurant, das für alle offen steht. Touristen jenseits von Theater- oder Ballett-Events verirren sich hierher jedoch nur selten. Eigentlich schade, denn ein Rundgang durch die alten, nüchternen Hallen hat was: Türen zu Ateliers stehen offen, Musik aus den Studios bricht sich an den Betonwänden, Künstler hängen Werke zum Trocknen in die schmucklosen Gänge. In der Friche herrscht ein Geist wie in Berlin nach der Wende: noch ein bisschen improvisiert, aber mit totaler Freiheit in der Kreation.

41, rue Jobin
13003 Marseille
Tel. 0033/4/95049504
Fax 0033/4/95049500
www.lafriche.org
Öffnungszeiten: tgl. 7 bis 24 Uhr

Künstler Alfons Alt
Tel. 0033/4/95049504
www.alfons-alt.com

HINKOMMEN
Mit dem Boot:
Vom Vieux Port fahren Schiffe (Compagnie GACM) mit kommentierten halbtägigen Touren zu den Buchten. Tickets direkt am Hafen. Abfahrt Sa./So. 14 Uhr
Mit dem Auto:
Vom Zentrum auf der Rue de Rome bis zur Place Castellane, dort auf die Avenue de Prado. Nach 0,5 km auf die D559/Boulevard Michelet Richtung Cassis (ab hier ist die Calanque ausgeschildert). Gesamtstrecke: 9 km Achtung: Zufahrt nur von 8 bis 19 Uhr, im Sommer gar nicht. Vor der Schranke parken und ca. 1 Stunde bis zur Bucht laufen

Die Calanques

Die Calanques sind eine schneeweiße Kalksteinformation von 28 Kilometern Länge zwischen Marseille und der Nachbargemeinde Cassis. Die schroffen Felsbuchten sind einzigartig auf der Welt und seit 1973 geschützt. Autos sind das ganze Jahr nicht gern gesehen und im Sommer vollständig verboten. Wer in den Buchten mit dem türkisfarbenen Wasser baden will, muss laufen. Aber eine Wanderung durch die fast unnatürlich schöne Landschaft ist ein Erlebnis, bei 35 Grad im Sommer sogar ein kleines Abenteuer. Für Trainierte gibt es den Wanderweg GR98, der über elf Stunden die ganze Küste entlangführt. Für normale Wanderer reicht das Stück bis zur Calanque Sormiou (oder alternativ zur Calanque Morgiou).

Vom Parkplatz (nichts im Wagen liegen lassen!) aus ist es rund eine Stunde Fußweg. Nach einem ziemlich einfachen und ebenen Start gelangt man nach rund 15 Minuten zu einem Panoramapunkt, von dem man bis zum Meer sehen kann. Atemberaubend schön! Dann geht es entweder auf geteerten Serpentinen oder steil über den Feldweg hinab zur Küste. Sormiou selbst besteht aus einer Handvoll Häuser und einem kleinen Hafen, der sich zwischen zwei weiße Kalksteinfelsausläufer schmiegt. Durch die Kessellage ist der kleine Sandstrand windgeschützt. Beim Anblick des türkisfarbenen Meers und der weißen, rein gewaschenen Felsen könnte man vergessen, dass man in Frankreich ist. Wir fühlen uns wie in der Karibik und genießen die Natur bis kurz vor Sonnenuntergang. Denn für den mühsamen und schweißtreibenden Rückweg brauchen wir kühlere Temperaturen – und vorher ein erfrischendes Bad im Meer.

Traumküste, Traumblicke: Die Calanques östlich von Marseille stehen unter Naturschutz. Wer in den Felsenbuchten baden gehen möchte, muss dorthin wandern

Die Orte der Kulturroute durch Frankreich

(die kursiven Seitenangaben beziehen sich auf die jeweiligen Adressenteile)

Bildnachweis

Alle Fotos: Mo Hoffmann, außer:

Astrid Prangel: S. 5 (rechts außen), 170, 171, 173, 175, 177, 180, 186, 189
Nicolas Borel/Musée du Quai Branly: S. 8
Roger Viollet/Musée d'Art moderne: S. 9, 12
Christophe Fouin/Musée d'Art moderne: S. 11
Antonin Bergeaud/Musée du Quai Branly: S. 10, 16
Philippe Chancel/Musée des Arts Décoratifs: S. 14, 15, 19
Patrick Gries/Bruno Descoings/Musée du Quai Branly: S. 18
Grégory Mesrié/Hotel Amour: S. 20
Hotel Le Meurice Paris: S. 21
Restaurant Kong: S. 22
Christophe Meimoun: S. 31, 35
Barbara Markert: S. 61 (oben), 65, 178, 182, 183, 183
getty images: S. 41
AKG-Images: S. 42
Jerry Bauer/Suhrkamp Verlag: S. 51
Café du Jura: S. 97, S. 98
Château de la Vernède: S. 126
Caro/Bastian: S. 133
Bastide de Moustiers: S. 145
Erich Lessing/AKG-Images: S. 162
Hotel Cezanne: S. 166
Claude Almodovar/Musées de Marseille: S. 174, 179
Sessun: S. 176
Tcheka: S. 181
Villa Monticelli: S. 183
New Hotel: S. 185
Renaud Vercey: S. 187

Impressum

Umwelthinweis:
Dieses Buch wurde auf chlor- und säurefreiem Papier gedruckt.

BRIGITTE-Buch im Diana Verlag
Originalausgabe 05/2007

Konzeption und Text: Barbara Markert
Redaktion: Claudia Münster
Artdirektion, Layout und Satz: Christiane Kapaun

Umschlaggestaltung: Eisele Grafik-Design, München
Kartografie: Astrid Fischer-Leitl, München
Herstellung: Gabriele Kutscha
Litho: PrePrint-Produktion Zoran Dietner, München
Druck und Bindung: RMO-Welte, München
Printed in Germany 2007
978-3-453-35181-3
http://www.diana-verlag.de